こうして私は料理が得意になってしまった

有賀 薫

大和書房

はじめに

夕方になるとエコバッグを肩にかけ、スーパーに出かけます。ちょっとお行儀が悪いのですが、私は人の買い物かごをついのぞいてしまうクセがあります。

「この家は、今夜は鍋だな」「パンと牛乳を大量に！　何人家族なんだろう」と、自分の買い物も忘れて知らない人の食卓を想像しているのです。食いしん坊の性分で、人の食べているものや料理のやり方が気になって仕方ありません。

誰かのごはんが気になるのは自分だけではないだろうと、私自身の買い物かごや冷蔵庫の中、キッチンや食卓の様子をちょこっとのぞき見してもらえるような文章を綴りました。こんな工夫をしながら日々ごはんを作っているという話、子どものころの食卓の思い出、食事中の会話から生まれたふとした気づき。どれも私の等身大の姿です。

仕事で料理もしますが、家ではもう30年、家族と自分のためにごはんを作ってきました。忙しい日もあれば、献立に悩む日もある、そんな中で身につけた料理のコツや整理術などもちりばめています。

私のキッチンに遊びにくるような軽い気持ちで読んでみてくださ い。エッセイひとつにひとつずつついている小さなレシピも、私がふだん食べているものばかりです。

MODERNIST
LE GUIDE CULINAIRE
A.ESCOFFIER

自宅マンションをリノベーションした際に小さなごはん装置を作りました。名付けて「ミングル」。95×95㎝のテーブルに、丸いシンクが合体していて、テーブル中央にはIHコンロがひとつ。下には食洗機。作る→食べる→片づけるまでがその場で行えます。

ミングルと冷蔵庫の位置関係はこんな感じ。
食事中でも立たずに手をのばせる距離です。

冷蔵庫の側面にはフックを取り付け、キッチンツールをつるして。よく使うカトラリーはコップに立てて。食事のときはコップごとミングルに運びます。

ある日の朝食風景。トーストとコーヒー、ヨーグルト、それにスープ。
朝はコーヒーもインスタント。手軽さ優先です。

目次

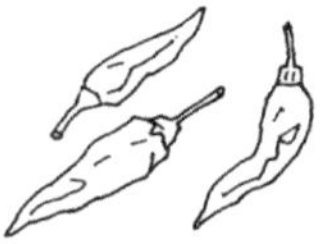

2章　ときには逃げたいこともある

3章　スープが教えてくれたこと

4章　料理のピラティス

Q1　料理上手になるにはどうしたらいいですか？

5章 私が好きな道具とうつわ

＊本書で使用している計量の単位は、１カップ＝２００㎖、大さじ１＝15㎖、小さじ１＝５㎖です。

3

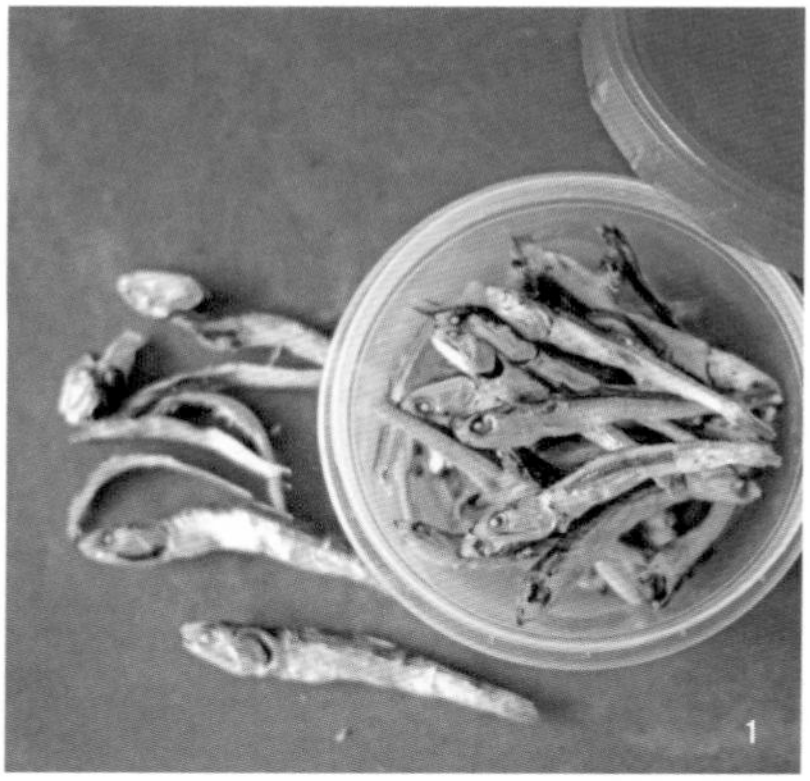

1

4

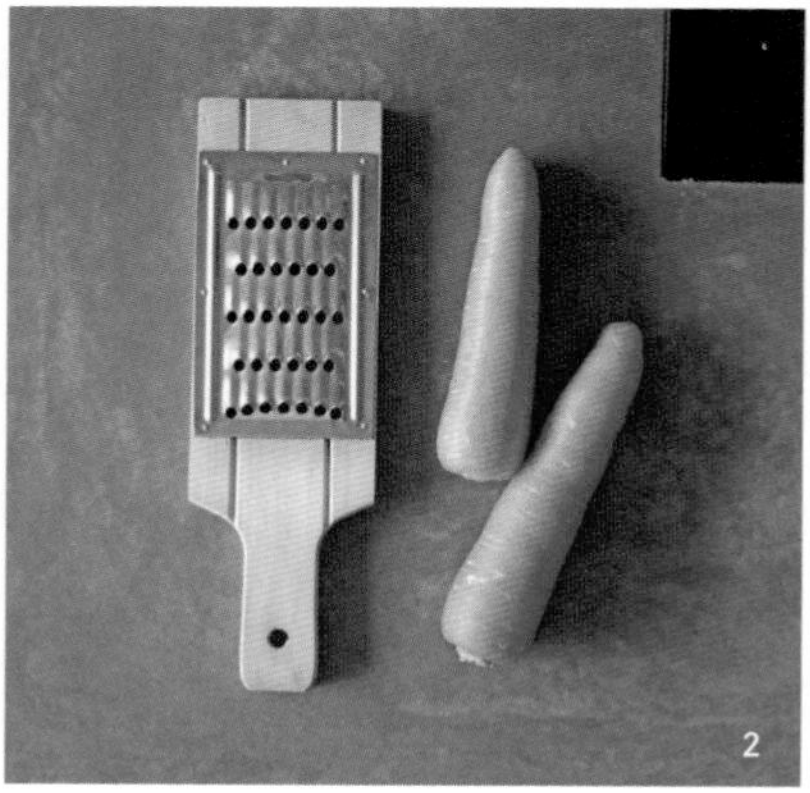

2

1. みそ汁によく使うにぼしは、ジップロックスクリューロックに少量ずつ入れて。(→ P101) 2. しりしり器。名前も、レトロな見た目もかわいいのです。にんじんサラダに欠かせません。(→ P192) 3. 愛用している柳宗理のおたま。小さなお椀にも使いやすいSサイズをふたつ持っています。(→ P206) 4. コーヒーミルはポーレックス。シンプルさがお気に入り。豆は好きな店が何軒かあって、なくなるとまとめて買っています。(→ P216) 5.6. 大同電鍋。蒸し料理に絶大な効果を発揮します。さつまいもを切ってただ蒸しただけのものが、豊かなごちそうに。(→ P196)

1.2. 取っ手がとれる、フライパン JIU（ジュウ）。テーブルトップの IH コンロで使って、そのまま大皿がわりにしています。わが家に欠かせない暮らしの道具です。（→ P184） **3.** 野菜一品で作る豚汁はいざというときの逃げ道レシピ。豚汁さえあれば、なんとかなります。（→ P105） **4.** うしろは愛用のル・クルーゼ。ポトフもポタージュもこれで作ります。オレンジ色の鍋は母が生前使っていたものを譲り受けて。（→ P188）

1章 ごはん作りを助ける小さな工夫

うちのみそ汁

スープ作家として毎朝のスープを作りはじめる前からずっと、毎晩みそ汁を作り続けてきました。結婚してから約30年、ハンバーグや麻婆豆腐みたいな洋風や中華のおかずのときも、スープよりみそ汁。ごはん、みそ汁、日替わりおかず、それがうちのごはんのスタイルです。

朝のスープこそ、手を替え品を替えバラエティに富んだものを作っている私ですが、夕ごはんのみそ汁はそれよりずっといい加減に、もう目をつぶっても作れるほどに決まりきったものを作ってきました。結婚して夫がたまねぎのみそ汁が好きと知って、それまであまり入れたことがなかったたまねぎが具のレパートリーに加わったぐらいで、それ以外は私が実家で食べていたみそ汁そのままです。

豆腐と長ねぎ、大根と油揚げ、わかめ、なめこ、なす、ほうれん草。なかでも豆腐は、週2、週3で作ることもある、わが家の大定番です。木綿と絹はどちらも捨てがたく、同じぐらいの割合です。気分によって豆腐やねぎの切り方が多少変わったり、冷蔵庫の残り物事情で厚揚げに変わったりするものの、翌日にはまた同じみそ汁に戻っています。息子が長期の合宿やキャンプに出かける朝、また受験や就職の面接など、かすかな緊張を伴う朝は、食べ慣れた豆腐のみそ汁で送り出すのが私の決まりごとみたいになっていました。それぐらいわが家の味の中心と言える存在なのです。

みそ汁に使うみそは、値段もそれほど高くはない、ごくごくふつうの米みそで、目分量で入れるので味が変わらないように同じものを繰り返し買っています。専用の容器に入れることもなく、プラスチックのパックのまま、おたまを直接突っ込んで使っているのは大きな声では言えません。みそ濾しも通さないから、うちのみそ汁はちょっとざらっとしています。でも私はそれが好きなのです。

こうして長年みそ汁を作ってきましたが、仕事としてスープを作りはじめてから、みそ汁のかわりに試作したスープを夕飯にそのまま出すことが増えてきました。目が回るほど忙しい中でみそ汁を作らなくて済むこともあって、和食のときもスープでいいか……となったのです。せっかくおいしくできているスープがもったいないですしね。

ところがつい最近ごはんの話をしていたら、夫が、「僕はすっきりしたみそ汁が好きだな」みたいなことをふと言ったのです。うちの夫は食事のことで絶対に文句を言わない人。どんな料理でも黙って全部食べます。それだけに、はっとしました。いつのまにか家のごはんに仕事が入り込んでしまっていたのかも、と。

仕事で作るスープの場合、野菜は本来の旬より先取りして使うこともあります。肉や魚入りのこってりとしたボリュームスープも多く、主張が強いのです。何より仕事のスープが家の食卓に並んでいると、私の仕事モードがいつまでも抜けません。一口飲むとほっと気持ちをゆるめてくれる少し薄めのみそ汁は、私にとっても必要なものだったのです。

夫の何気ないひと言で気づいた、「うちのみそ汁」の大切さ。その日はにぼしでだしをとって豆腐と長ねぎのみそ汁を作りました。体が覚えたいつもの手順でみそ汁を作る、そのこと自体も気持ちをリセットしてくれるのです。

◎定番の豆腐のみそ汁

作り方（2人分）

1 にぼし6～7尾（7～9㎝ぐらいの大きさのもの）の頭を取り、ふたつに割いて内臓も取り、鍋に入れる。水400㎖を加え、中弱火にかけ、煮立ってから5分ほど煮出す。豆腐半丁（150gぐらい）をさいの目に切って鍋に入れる。

2 豆腐があたたまったら、みそ大さじ2を溶き入れる。長ねぎ7㎝を斜め薄切りにし、鍋に加えて火を止め、余熱で長ねぎに火を通す。

こちら、キャベツとアンチョビのペペロンチーノでございます

先日、夫とレストランで食事をしたとき、夫の頼んだメニューに小さなポタージュがついてきました。ふわりとうもろこしの香りがただよってきた気がして、食べている夫に「それ、コーンポタージュ?」と聞いたら、「わからない」って言ったのです。

ポタージュの味がわからないというのは、実はよくあることなんです。見た目や食感から手がかりが得られないため、舌の感覚だけでは何の野菜か当てづらいのです。混ざり物が多く味が複雑だと、さらにわからなくなります(だから私はポタージュを作るときには野菜を少し残しておいて、食材のわかるものをトッピングして目印にしています)。

さて、何のポタージュだったかはともかく、人は自分が食べるものが何かがわかっているほうが、味を鮮やかに感じることができる。これは確かだと思います。

基本的に、レストランで何かを食べるとき、私たちはその料理が何かを知らされています。メニューにちゃんと「キャベツとアンチョビと桜えびのペペロンチーノ」と書かれているからです。よほど意味不明な料理名だったら、お店の人に聞きますよね。たとえば、「この〝春の海のペペロンチーノ〟ってどんな料理ですか？」とか。どんな食材やスパイスが使われているかわかりにくいフレンチのコースなどの場合は、サービスの方が丁寧に説明してくれます。料理の予備知識があることでよりおいしく感じられ、コースの料理では説明も料理のうちだなと感じます。

それでは、家のごはんはどうでしょう。肉じゃが、唐揚げ、豚汁、カレーのような定番料理は説明不要ですが、レシピ本を見て初めて作ったような料理を出したときに、その料理が何かを説明しないで食べはじめてしまうことが、案外あるのではないでしょうか。

それを初めて食べる相手は、その料理がキャベツとアンチョビの入ったペペロンチーノだとわかって食べているのでしょうか。スパゲッティに入っているこれは、キャベツみたいだけれど、何だか食べ慣れない味だな、この細かい茶色いものは一体何だろう……。知らされないまま食べているとしたら、作った人が思うほどその料理を味わえていないかもしれません。

ある男性料理家さんと話をしていたとき、世の中の男性はレストランのメニューの半分ぐらいはわかっていないかもしれない、と聞きました。思い返すとうちの夫も、私が出した料理に対して、いぶかしんでいる様子が見てとれることがあります。

おいしい、おいしくない以前に、何かわからないがために、不安に思いながら食べている可能性もあります。子どもの好き嫌いに多いパターンです。人は口に入れるものについては警戒心が強いので、不安を消すためにもどんな料理かということを最初に説明しておくのは理にかなっています。

家の料理は基本的に名もなき料理でいい。かっこつけたネーミングがなくたって成り立つし、黙って出してもいい。ただ、作る人と食べる人の間には、料理で食材と向かい合っている時間のありなしという大きな差があります。何をどう料理したかを少し伝えてあげるだけで、食べる人の感じ方はずいぶん違ってくるんじゃないでしょうか。

と、いうことで、最近の私は家で料理を出すとき、「ハンバーグに、大根おろしとしょうがのソースです」「こちら、豚肉と空心菜ときくらげの炒め物です」「ほたるいかのアヒージョ、つまりオイル煮でございまーす」なんてレストランの真似ごとをしながら出しています。小松菜とチンゲン菜と空心菜の区別、うちの夫はもしかしたら微妙かもしれません。みなさんも料理をがんばったときは、メニュー名を（中身がわかる程度の名前がいいです）家族に伝えてみてはいかがでしょう。

◎キャベツとアンチョビのペペロンチーノ

作り方（2人分）

1 キャベツの葉2枚分は手でちぎる。にんにく1片はみじん切りにする。

2 フライパンにオリーブオイル大さじ2を入れ、にんにくと種を取った鷹の爪1本を加えて弱火で加熱する。そこに油を切って刻んだアンチョビ½缶（10gほど）を加えてほぐし、火を止めておく。

3 たっぷりの熱湯に塩を入れてスパゲッティ200gを入れ、ゆではじめる。ゆであがる2分前にキャベツを入れて一緒にゆでる。キャベツを入れたらフライパンのソースを再度あたため、ゆで汁を少量加えて混ぜ、とろりとさせる。ゆであがったスパゲッティとキャベツをザルに上げてよく湯を切り、ソースに混ぜる。味をみて塩とこしょう少々でととのえる。

＊「春の海のペペロンチーノ」にしたい場合は、桜えびを大さじ2ほど入れてくださいね。

はるさめはキッチンのお守り

安くて栄養価が高く、常温で長期保存できる乾物は、料理をする人にとって心強い味方です。煮物ぐらいしか使い道がないと思う人も多いようですが、生の食材とはまた違った味わいがあるから、サラダやスープなど日々の料理にバンバン使っています。スープなら戻し汁がそのままだしになり、さらに具にもなるという活躍ぶりです。

ちょっと、私の乾物のかごを見てみましょう。まずは、かつおぶしや昆布、にぼし、干し椎茸、干し貝柱のような、いわゆるだしのもと。これはスープを作る私にとっては必須アイテムです。それから、切り干し大根、わかめ、のり、とろろ昆布、あおさ、ひじき、きくらげ、桜えびに干しえび、スルメにお麩。豆はそのときどきによって、レンズ豆、ひよこ豆、大豆などから2種類か3種類ぐらい。ドライフルーツやナッツやごま、主食にもなる麺類、粉類、雑穀類はそれぞれ何種類か常備しています。ふだんから家に買い置きがあるのはこんなラインナップでしょうか。

大きめのかごにふたつ分の量があって、一般家庭としては多いほう、料理家としては少ないほうではないかと思います。ときどき、かごの底から封が開いたまま変色してしまった切り干し大根などを発掘することがあるので要注意です。

逆に、てっきり家にあるものと思い込んでいて、いざ使おうとしたら、しまった、なかった！ということもあります。なければないで済むものも多いのですが、切らすと後悔する乾物といえば、私の場合は「はるさめ」です。

はるさめは、さっとゆでて炒め物やサラダに使うこともあれば、中華風のスープや鍋に入れて煮込むこともあります。スープを多めにしておくと、水で戻さずそのまま入れても大丈夫。でんぷんなのにおかずになるのがありがたく、それは何を意味するかというと、家族の満足度に直結するボリューム感を出せるということなのです。

わが家で食材がほとんどないときに登場する守護神のようなメニューが、麻婆はるさめです。うちの冷凍庫にはひき肉が常備されているので、買い置きのはるさめを使えば、メインのおかずが1品作れるというわけです。同じくわが家の定番である麻婆豆腐や麻婆なすに比べ、はるさめは切らずにお湯でゆでてザルに上げればすぐに使えるから、洗い物も少なくて気楽です。水分をいい具合に吸って、最後に片栗粉でとろみをつけなくてもいいのもひと手間省けてありがたい。安上がりなのもありがたい。

はるさめには、緑豆はるさめと馬鈴薯でんぷんのはるさめがあり、煮込みに向くのはコシがあって煮込んでも切れにくい緑豆はるさめです。まず、中華鍋か深めのフライパンに湯を沸かし、はるさめを2、3分ゆでてザルに上げる。空になった中華鍋に油をひいて、豚のひき肉をしっかり炒めます。焦げ目がつくぐらいまで炒めると、やわらかいはるさめとのコントラストが出ておいしいです。肉にすっかり火を通してから、しょうがとにんにくを加えます。しょうが、にんにく、長ねぎだけはやっぱり欠かせないので小さなまな板で最初に刻んでおき、この段階では長ねぎは入れずにとっておきます。

楽をしたいときは、砂糖、酒、しょうゆの基本調味料だけで甘辛の炒め物風にしますが、ふだんは豆板醤《トウバンジャン》と甜麺醤《テンメンジャン》も加えて本格的に味つけします。ひき肉に味をしっかりつけてから、水を少々とゆでたはるさめも加えて煮込みます。

春の雨と書く通り、美しい春の雨みたいな細くなめらかなはるさめが、濃いめに味つけした豚のひき肉から出たスープを鍋の中でどんどん吸い込んでいきます。みじん切りの長ねぎを最後に混ぜるのは、香りと食感を生かしたいから。仕上げにごま油をまわしかけ、中華鍋から大鉢にひき肉のからんだはるさめをすべり込ませた瞬間、香りがぶわーっと立って、食欲のメーターが振り切れます。ごはんにのせて食べるのが最高で、たいていの場合少し作り過ぎるのですが、どんどん箸がのびて、残ることはまずありません。

麻婆はるさめに限らず乾物を使って自分なりの頼れるメニューを1品持っておくと、本当に気持ちが楽になります。私にとってのはるさめは、いざというときに懐からすっと出せる大事なお守りなのです。

◎**最後の砦の麻婆はるさめ**

作り方（2〜3人分）

1 中華鍋にたっぷりめの湯を沸かし、はるさめ50gを入れて2〜3分ゆで、ザルに上げる。

2 湯を捨てた中華鍋にサラダ油大さじ1をひき、豚ひき肉150gを色が変わるまで炒める。にんにくとしょうが1片ずつをみじん切りにして加え、砂糖小さじ1、豆板醤小さじ½、甜麺醤小さじ2、しょうゆ小さじ1、酒大さじ1、水大さじ3を加える。

3 ゆでたはるさめを加えて2〜3分煮込み、長ねぎのみじん切り½本分を混ぜる。ごま油をひとまわしして、火を止める。

安心わかめ

こういう人って、職場や学校にいませんか？　特に頭がよいとか顔がよいとかセンスがいいわけではない。何か特技や仕事の技能を持っているわけでもない。でも、ちょっと困ったときに声をかけてくれたり、いてほしいときにそこにいてくれたり、誰かのことを否定することもなく、その人の存在で集団がうまく回っているような人。

わかめなんていう地味な食べ物を好きになったのは、いつからでしょう。わかめの産地に育った人間でもないし、すごくおいしいわかめを食べた経験もないのです。そもそも、肉や魚や旬の果物みたいに、すごく魅力的な食材として雑誌やテレビで取り上げられることだってそうそうありません。それでもわかめはわが家の冷蔵庫にいつもあり、出番を気長に待っています。点数はつけづらい、でも必ずいてほしい、そういう存在です。

採れる時期が春先の短い間で、しかも傷みやすいわかめは生で出回ることはほとんどなく、塩蔵わかめか乾燥カットわかめで手に入れます。私は歯ごたえのある塩蔵派ですが、急ぐときのスープやみそ汁には乾燥わかめをパラパラやります。

まずはみそ汁の具です。わかめオンリーということはなく、豆腐とわかめ、キャベツとわかめ、油揚げとわかめのように、わが家の鉄板の組み合わせがいくつかあります。

中華メニューの日に作るのは、わかめと卵のスープ。鶏ガラスープの素かコンソメをお湯に溶かしてわかめを入れ、しょうゆ少しで味をつけて、卵を流すだけの手間なしスープです。仕上げに数滴たらすごま油で、地味なわかめが引き立ちます。

みそ汁やスープにしようと塩蔵わかめを袋から1株ずるずる引き出して水に浸けて塩抜きすると、一度には使い切れない量になるので、半分ぐらいはサラダにしてしまいます。たまねぎのスライス1/4個分を水にちょっとさらし、小さいツナ缶1缶、マヨネーズと一緒に混ぜるだけ。もうひとつの使い方は、付け合わせ。味が濃いめの魚の煮つけや豚の角煮に切っただけのわかめを添えると、煮汁を含んで箸休めになります。

わかめの出番が多い理由は、こうやって手間をかけずに食べているせいかもしれません。もっと言ってしまえば料理なんてしなくても、洗って、刻んで、皿に盛って、ポン酢なんかをかけたような雑でシンプルな食べ方も私は好きなのです。

こうしてわかめを使う料理を次々あげていて、やっぱり地味だ……と思ってしまいました。なくてもいいと思われても仕方ない。でも、何というのでしょう、一皿の中でも、食卓の中でも、濃すぎる味や強すぎる味をちょっとだけソフトに感じさせる緩衝材というか、バランサー的な存在で、知らないうちに陰で私の料理を支えてくれているような気がします。わかめが皿の片隅や小鉢にあると、味の濃い料理も、脂っこい料理も、見た目が派手な料理もうまい具合に引き立つ。わかめがうちの冷蔵庫からいなくなったら、私は困ってしまうだろうなと思います。

最初に書いたような、目立たないけれどいい感じという人は、どんな集団にもいます。でもその人の本当の価値に気づくのはたいてい、その人がその集団からいなくなったときなんですよね。見た目や音楽やスポーツなどの才能、偏差値や年収など数値ではかれるような価値で何かを比べることをやめないかぎり、魅力をしっかりと感じることは難しい。でも、そんな彼や彼女に光が当たる世の中がいいな。たまにはわかめを主役にした料理を作ってみようと、冷蔵庫からわかめの袋を取り出す私です。

◎わかめが主役！　わかめの甘辛炒め

作り方（作りやすい量）

1 塩蔵わかめ1株は塩を洗い流してたっぷりの水に5〜10分浸け、塩抜きをする。しっかり水気を絞り、50gほどを食べやすい大きさにカットする。

2 フライパンを中火にかけ、ごま油小さじ2を熱し、切ったわかめを入れて炒める。全体に油が回ったらおろししょうが少々を加え、砂糖大さじ½、酒大さじ1、しょうゆ大さじ½の順に加えて味をつける（わかめに残っている塩気があるのでしょうゆは味をみながら）。好みでごまをふる。

春夏秋冬を炊き込もう

スープは食材を味わうには最も効率的な食べ方だと思っていますが、それと同じぐらい簡単に無駄なく旬の食材を取り入れられると思うのが、炊き込みごはんです。お米に食材を入れて炊くだけで、季節の香りや風味が移った最高のごちそうになるのだから、ありがたいものです。

私の母もよく炊き込みごはんを作っていました。大人数の家族のお腹と舌を同時に満足させられるから、出番が多かったんだと思います。春のグリーンピースごはんや秋の栗ごはんは私の大好物で、キッチンをうろついていて母からグリーンピースのさやをむいてと頼まれたとき、下ゆでされてザルに上がった栗を流し台に見つけたときは、夕飯の時間が待ち遠しかったものです。実家では根菜をこまごま炊き込んだ五目飯をよく炊いていましたが、最近のわが家ではもっぱら、手軽に作れて季節感が出る「単品野菜の炊き込み飯」です。

お米2合の場合の基本の作り方は、こう。よく浸水させたお米に、酒大さじ1、塩小さじ½、しょうゆ大さじ1を入れます。炊飯器の目盛りまで水を加え、軽く混ぜます（水分を多く含むきのこなどの具材を入れる場合は、水は気持ちひかえめにします）。私はだしを別に用意することはせず、水加減したあとで昆布を5㎝ほど、お米の下にもぐりこませて炊いています。あとは好みの具材を上にのせて炊飯器のスイッチを入れるだけです。年間でいちばん出番が多い具材は、鶏ごぼう。鶏はもも肉でもむね肉でも80gぐらい、ごぼうは½本。油揚げ½枚を刻んで加えることもあります。

塩としょうゆは具材によってバランスを変えています。米2合に対して塩だけで味つけするなら小さじ1弱、しょうゆだけなら大さじ2がめやす。具材に合わせてこの範囲で調整しますが、ほかにちょっとしたおかずや汁物をつけますし、何よりたっぷり食べたいので、もっと薄味にする日もあります。足りなければあとから塩をふってもいいのです。

うちでよくやる季節の一品炊き込みごはんを、いくつか紹介しましょう。

春の間に何度も作るのが、グリーンピースごはんです。さやから出した豆を100gほど、酒大さじ1と塩小さじ⅔、それに昆布を加えてごくごく薄味に炊きます。あっさりした豆ごはんからは豆の香りが感じられます。関西のほうで食べられていたうすいえんどうを、ここ数年は関東でも見かけるようになったので、手に入ったら炊き込みます。グリーンピースよりクセがなく、豆のまわりの薄皮もやわらかいです。

夏はとうもろこし。最近はとうもろこしが長い期間出回るようになって安くなっていることもあり、ごはんに気軽に炊き込めるようになりました。軸からとうもろこし1本分の粒を削いで一緒に炊き込みます。粒を取ったあとの軸も入れて炊くといいと、八百屋の友人から聞きました。軸は食べるわけではないですが、入れて炊くだけでおいしくなりそうな気分になります。これもグリーンピースごはんと同じく、味つけは塩だけ。昆布も入れず、とうもろこしと塩のみで勝負です。うまみ食材を入れたいなら、肉より魚介。カニやほたての缶詰でもいいと思います。缶汁の分は水の量を減らします。

炊き込みたいものが多く出回る新米の秋に一押しなのが、里芋ごはんです。里芋の皮をむいて半分に切って炊き込むと、里芋のねばりがごはんをくるんでむっちりした食感になるのです。味のポイントは塩昆布で、ちょっと多いかなというぐらいの量を思い切って入れます。ほかに味をつけなくても、だし昆布を入れなくてもこれだけでおいしいのです。桜えびを散らすと色もきれいです。

秋の味覚の定番としてははずせない栗ごはんも紹介しておきます。栗をむくのは大変なので、スケジュールのゆったりしている日に。軽くゆでてからむくやり方を母から教わりました。栗ごはんのときはお米2合のうち1/3量ぐらいをもち米にして、おこわのような炊きあがりにします。栗は1袋買って食べたい数だけ。15粒ぐらいでしょうか。あまり細かく刻まず大きな栗を楽しみます。昆布を入れ、塩は小さじ1/2ぐらいと少なめにしておいて、ごま塩をあとからぱらりとふります。

冬はなんといっても牡蠣ごはん。シーズン最初に牡蠣を食べるとき、あいさつ代わりに作ります。牡蠣は加熱用のものを150gほどでしょうか。お米2合に酒大さじ1、塩小さじ1/3、しょうゆ大さじ1と1/2。しょうゆをしっかりきかせた味つけで、昆布も入れます。針しょうがをたっぷり散らして。

春夏秋冬、何をごはんに炊き込むか。今日はあんまり手をかけたくないな、と思うようなときに、心強い味方です。

◎里芋と塩昆布の炊き込みごはん

作り方（4人分）

1 米2合を研いで浸水させる。里芋5〜6個は皮をむいて半分に切り、水に5分ぐらいさらしてからザルに上げる。

2 ふつうに白米を炊く水加減にし、里芋と塩昆布30gを加えて通常通り炊く。好みで桜えび大さじ1を散らしても。

コロコロごぼうときんぴらごぼう

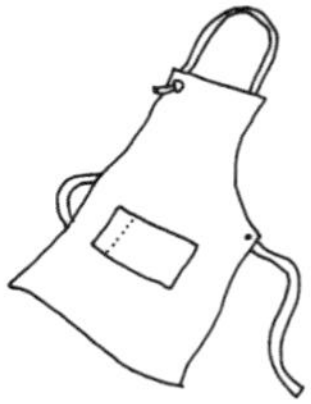

以前、「コロコロごぼう」というレシピをSNSでご紹介したことがありました。これ、私が考えた食べ方ではなくネットで見かけたもので、出どころを忘れてしまいました。あまりに頻繁に作るので、すっかりうちの味になってしまった料理です。

そもそも、レシピというほどのものでもないのです。ごぼうの直径と同じぐらいの幅に切ったごぼうに粉をまぶし、油をひいたフライパンで炒《い》るように焼いて、塩をふる。ただこれだけです。7〜8分ぐらいから食べられて、最初はボリボリ歯ごたえがある感じ。弱火でじっくり20分ぐらい火を通すと、ほっくほくになります。たいてい待ちきれなくて食べちゃうんですけどね。最後にふる塩は少しきつめがおいしい、というのはビール党の私の意見で、塩分が気になる方はもちろん薄くふってもかまいません。じっくり焼いたごぼうは、何もかけなくてもほのかな甘みが感じられます。

さて、このごぼう、SNSでは実に多くの方から「作りました！」という声をいただいて、正直びっくりしたんです。というのも、ふだんごぼうを使ったレシピを出すと、「ごぼうは泥がついていて洗うのがめんどう」「買ったことがない」「皮をどこまでむけばいいのかわからない」など、食材としてのごぼうに否定的な声が聞こえてくるからです。

もちろんコロコロごぼうだって泥は洗い落とすのに、どうしてコロコロごぼうをみんな作るんだろう、きんぴらごぼうになくて、コロコロごぼうにあるものは何だろう……と考えました。作った人からは、子どもがおやつ代わりにどんどん食べた、ビールのおつまみに最高、というような声が聞こえてきます。おかずというより、スナック的な味だからかな。それとも、千切りやささがきなどにする必要もなくぶつ切りにすればいいし、味つけも塩だけという工程のシンプルさが受けているのかな。

でも、最終的にこれじゃないかと私が思ったのは、「コロコロごぼう」という料理名がこの料理すべてを説明しきっているという「わかりやすさ」ではないかということでした。

コロコロごぼうは、コロコロに切ったごぼうをコロコロと転がしながらフライパンで炒る料理。ネーミングがそのまま調理工程を説明しているのです。そして皿の上、あるいは口に入れてもコロコロ転がるかのような仕上がり。この、調理から食べた食感までを「コロコロ」というひと言で表せるところが大きい。名前の響きに「料理の質感」みたいなものが表れているんですよね。

料理は作るにも食べるにも、イメージがすごく大事です。料理のファーストインプレッションを決めるのは、名前と見た目。シンプルな料理でありながらその料理の状態や質感が十分に表現されている料理は、作ってみたい！食べてみたい！と思わせます。

ちなみにきんぴらごぼうの名前の由来を調べてみたら、「坂田金平《きんぴら》」という、人形浄瑠璃の主人公の名前だそうで、その力強いキャラクターが滋養豊富なごぼうに通ずるとして名づけられたそうです。ですが、さすがに今の時代、これではなかなかイメージがわかないのではないでしょうか。きんぴらごぼうは知らない人はいない超定番料理ですが、たしかに昔に比べると作る人は少なくなっています。

もし、きんぴらごぼうが全然違う名前になったらもっとみんな作るのかな。きんぴらごぼうに新しい名前をつけるならどんな名前がいいのかな。砂糖がちょっと焦げた感じがあるし「キャラメルごぼう」なんていう名前にしたら子どもも喜んで食べたりするのかな。そんなばかばかしいことを想像しながら、今日もごぼうをコロコロしています。

◎つまみ食いがとまらない、コロコロごぼう

作り方（作りやすい量）

1 ごぼう1本はたわしなどで洗い、太さと同じぐらいの幅のコロコロに切る。

2 ポリ袋に片栗粉または小麦粉を大さじ1ほどとごぼうを入れ、袋の口を握ってふり、粉をまんべんなくまぶしつける。

3 フライパンに油大さじ1ほどをひき、中弱火にかけてごぼうを入れ、ゆすりながら炒るように加熱する。ごぼうの太さによるが、7〜8分ぐらいから食べられる。皿に盛り、好みの量の塩をふる。

大量のじゃがいもと父のポテサラ

父が会社の定年を迎えてから、両親は山梨に家を持ち、近所の人から畑を借りて野菜作りをしていました。父が体を壊して東京に戻ってくるまで15年近くでしょうか、結構な量の野菜を作り続けていたのです。

東京育ちで野菜はスーパーや八百屋で買うものだった私にとって、新鮮な野菜がたっぷりというのは大きな魅力でしたが、父の畑を見に行ったら、これは大変だぞということがわかりました。畑の野菜はスーパーと違ってその時期に採れるものしかありません。きゅうりの時期にはきゅうりが毎日どんどんできて、収穫しないとまたたく間に巨大化します。冬には聖護院大根という丸くておいしい大根がゴロゴロできて、朝・昼・晩とそればかりです。ご近所さんも畑持ちです。おすそ分けどころか、さらに届いたりします。

夏休みに家族で遊びに行って、畑でもぎたてのきゅうりを食べるのは楽しいイベントです。母が朝ごはんに出してくれるぬか漬けも最高でした。帰る日になると母が大量の野菜を車の荷台にぐいぐい押し込んできます。冷蔵庫に入らないからと断りつつも、毎回相当な量の野菜を持ち帰ることになります。

ふだんスーパーで買う袋入りのきゅうりは3本か4本。サラダで食べて終わりですが、20本持ち帰ったらそれではとても追いつきません。捨てるぐらいなら次は即席漬けみたいにしてみようか、炒めてみようか、スープにしようか。そうやっていろいろな食べ方をしているうちに、きゅうり料理のバリエーションが増えていき、扱い方も覚えるようになり、きゅうり料理にかなり強くなりました。よく、農作物の産地を訪ねるテレビ番組で、野菜の驚くような料理が出てくることがある、あれです。「ひとつの素材を食べ続ける」というのは料理を上達させるにはいいんだなと、そのとき思いました。

さて、野菜を作りはじめた父の自慢は、じゃがいもでした。5月ごろになると、一度に200kgできます。さすがに自分たちだけでは食べきれず、段ボールに詰めては親戚や友人に送りつけていました。父はよくポテトサラダを作っていて、そのレシピをじゃがいもに同梱したいからと頼まれ、イラスト入りのレシピを書いてコピーし、父に渡しました。

父のレシピはマヨネーズ味ではなく酢とオリーブオイルと塩を混ぜたフレンチドレッシングで味つけする、さっぱりしたポテサラです。実家ではこのポテサラが定番でした。ゆでたじゃがいもにちょっと酸っぱいドレッシングが染みて、混ぜ込むたまねぎのスライスとパセリがいいアクセントになって、全然食べ飽きないのです。案外持ちもよいので父は大量に作って冷蔵庫に入れていました。日曜日の昼間なんか、このポテサラを小皿に出して、ビールを飲んだりしていました。

マヨネーズ味のポテサラだったらわざわざレシピにする必要もないですが、箱でじゃがいもが送られてきたら、これどうしよう……となる人も多いはず。そんなときに、ちょっと新しい食べ方がついていたら、やってみようかと思うんじゃないでしょうか。

新しい味に挑戦することは、料理の楽しさがひろがることにつながります。でも、絶対に無駄にできないという食材でそれをやることはやっぱり気が引けるもの。おおらかさが消えて窮屈になり、作るのがつまらなくなり、あるいは作ることをおそれて、結局は使わずに無駄にしてしまう。本末転倒ですが、野菜はスーパーで買うものと思い込んでいるとそういうことが起こってきます。

父も他界し、私のもとへじゃがいもが送られてくることはなくなってしまいました。でも、使い切れないほど食材があることの豊かさを知った私は、ときどき自分で野菜の箱買いをして、いろいろな料理を作っています。

◎父のポテサラ

作り方（2〜3人分）

1 ドレッシングを作る。酢大さじ2、塩小さじ⅔、マスタード小さじ1を混ぜ、オリーブオイル90㎖を少しずつ加えながらかき混ぜる。不透明でとろっとした感じになればOK。

2 じゃがいも4〜5個は皮つきのまま、ゆでるか蒸す。熱いうちに皮をむき（やけどに気をつけて）、半分に切ってから1㎝幅にカットする。熱いうちにドレッシングを大さじ2ほど加えて全体を混ぜて粗熱がとれるまで冷ます。

3 たまねぎ半個を薄切りにして軽く塩をふって5分おき、水にさらしてぎゅっと絞る。ポテトが少し冷めたら残りのドレッシングとたまねぎを混ぜる。パセリのみじん切りをたっぷりめに混ぜる。

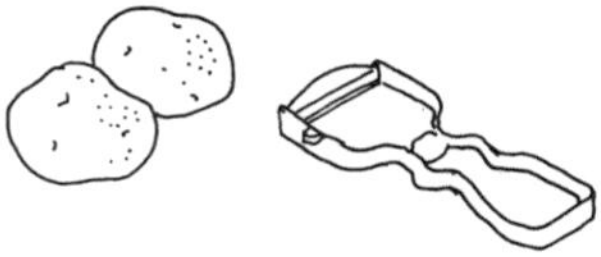

おやつとこたつ

結婚してからずっと欲しいなあと思いながらもいまだ持っておらず、おそらくこの先も手に入れることがないだろうという家具が、こたつです。マンションのテーブルとソファとスリッパの暮らしに、こたつがなんとなく馴染まないんですよね。

怠け者だった子どものころの私は、こたつに寝そべって好きな本を読みながらおやつを食べるのが極楽でした。こたつに似合うおやつの代表は、やっぱりみかん。大分県出身の母は冬になるとみかんを切らしたことがなく、こたつの上にはいつもみかんがありました。妹や弟と競うようにして食べたものです。今のわが家でそれほどみかんを食べないのは、きっとこたつがないからでしょう。

もうひとつ、こたつに似合うおやつといえば、冬の風物詩、あずきぜんざいです。夫があずき大好物ということもあって、冬になると何度か作ります。スープになめらかなポタージュと野菜をざっくりつぶしたような素朴なスープがあるのと同じで、こしあんで作るサラッとしたおしるこも、あずきの粒を残した田舎ぜんざいもそれぞれのおいしさ。うちで作るのは田舎ぜんざいスタイルです。

あずきは水で戻す必要がなく、洗ったらいきなり煮はじめることができるので、豆の中でもいちばん気軽に扱えます。豆を煮るなんてハードルが高すぎる、と言う人がとても多いのですが、休日のおやつでちょっと作ってみたら、えっ！こんなに簡単なの？ときっと思うはずです。私自身、そう思いました。

洗ったあずきを鍋に入れて水からゆでます。赤い水が出たら2回ぐらいゆでこぼし、あとは水を多めに入れて火にかけっぱなしにして大丈夫です。ときどきのぞいて水が減ったら足してやるぐらい。やわらかくなってから砂糖を加えます。

大納言あずきは腹割れしにくくしっかりした高級なあずきで、そのぶん値段も高めですが、私はむしろふつうの小さなあずきを選びます。煮ているうちに豆が割れて中身が水に溶け出すと、いい感じのとろみになるからです。煮えたてよりも一度冷まして少し寝かせたほうがおいしいのですが、あずきを煮ている段階でもう、待ちきれません。いそいそお椀を出してお餅を焼きはじめます。

こんがり焼いた餅をお椀に入れて、たっぷりのぜんざいを注ぎます。おたまからつやつやのあずきの粒が焼き餅の上にジュッ！とかかる瞬間は、至福のときです。小皿にのせた塩昆布もあるとうれしいものです。

あずきを煮るのはたいてい仕事が一段落した日曜日の午後。外は寒くてもやわらかな光が部屋に入ってきます。あずきのあたたかさと甘さ、お餅の焦げた香ばしい香りに顔をほころばせつつ大事に食べていると、子どものころに足を投げ出してこたつに入っていた自分の姿が、そのぬくもりやこたつ布団の匂いと一緒に、ありありと思い出されるのです。

豆を家で煮る楽しさと豊かな時間を、まずはおやつの時間から味わってみてください。

◎豆から作る、あずきぜんざい

作り方（4～5人分）

1 あずき250gはザルに入れて水洗いする。

2

鍋にあずきと水1000㎖ほどを入れて中火にかける。沸騰したら弱火にし、5分ほど煮ていると湯が赤くなるので、ザルに上げて湯を捨てる。これをもう一度繰り返す。

3

あらためて鍋にあずきと水1200㎖を入れて中火にかけ、沸騰したら弱火であずきがやわらかくなるまで1時間前後煮る。途中、水が減ってくるので足しながら煮る。指でつぶれるぐらいのやわらかさになったら、砂糖150gと塩少々を加え、煮溶かしながらもう10分ばかり煮る。

＊一度冷ましてから煮返すとおいしくなります。

2章

ときには逃げたいこともある

おいしさから逃げたいときもある

今日はもう、朝からダメダメだ……という日があります。今日の私がそうでした。パソコンの電源コードを足に引っかけて差し込み口を壊し、なかなか電話のつながらないサービスセンターと連絡をとって修理の手続きをし、代わりに引っ張り出した古いパソコンのメンテナンスにどうしようもなく手間取って半日つぶし、午後に繰り上げされたスープの試作をはじめたら、これまたうまくいかなくて。

まともにできたレシピがひとつもないのに作業台や流しは散らかり放題、あげくの果てに詰め替えたばかりのこしょうのふたを閉め忘れて床にぶちまける……夕方になるにつれてどんどんダメ人間になっていくような気分になります。

そういうときはおいしいものでも食べて元気を出そう！なんて言いますよね。もちろんそれでスカッと切り替わることもあるのでしょうが、ほかの誰かがおいしいものを用意してくれるわけではない自分にとって、すべてがズレてしまった日は、おいしいものを食べるというプランすらうまくいかない気がするものです。むしろ、あまりごちそう感のない、今日という日を静かに幕引きするような地味な食事でそっと終えたい、そんな考え方もありな気がします。何もしないという選択です。

冷蔵庫の余り野菜をざくざく刻んでフライパンに次々入れて、これも袋にちょっとだけ残っているソーセージとかさつま揚げの切れ端を粗く刻んでちょい足しする、そんな野菜炒めを作るのは、こんな日です。たまねぎやにんじんの量のバランスもあんまり考えられていなくて、実際それほどおいしいわけでもないし、味もぼやけている。冷凍してあったごはんと、顆粒だしを使ったみそ汁、あとは納豆や漬物みたいなものを適当に冷蔵庫から出して、なんとか夕飯をやり過ごします。こんなとき、夫が文句ひとつ言わないで食べてくれるのは本当にありがたいものです（今日の私を見ていて文句をつけたら修羅場になると察知したのかもしれません）。

おいしさ、というものは料理を作るうえで絶対的な価値に思えます。おいしいものがあれば幸せ、おいしいものは正義。プロたちはそのおいしさを価値基準として日々研鑽を重ねていますし、家ごはんを作る人たちも、少しでもおいしいものを食べさせようと努力しているのではないでしょうか。それだけに、心が弱っているときにキラキラしたおいしさは、少しまぶし過ぎることがあります。手を抜いた感じの料理に心が寄っていくのは、川下に流れるみたいなことなのかな。

おいしくなくていいのです。「ふつう」なものを食べていると、明日もまたがんばろうか、今日の一日を反省しようみたいな前向きな気持ちにはならず、だからこそ、楽な気持ちでいられるのです。おいしいでしょ、という顔をした料理に対しては、それが自分で作った料理であっても「おいしいね！」みたいな明るい反応をしなきゃならない気がしてしまいます。

野菜炒めのたまねぎが不揃いだったなー、みたいなことをぼんやり思いつつ、それも含めて自分の中にしまい込んで片づけて、お風呂に入って寝る。明日はいい日になるかな、なんてことも、もはや考えません。

とはいえ、適当に作ったみそ汁が意外においしかったりすると、それはそれで小さな心の癒しになるもの。冷蔵庫の野菜室で気になっていた青ねぎ、ほかに何も入れないシンプルさが心を落ち着かせてくれました。

◎やり過ごす日の、ねぎだけみそ汁

作り方（2人分）

1 鍋に水400㎖と顆粒だし小さじ¼を入れて煮立てる。みそ大さじ2ほどをおたまに入れて、鍋の中に突っ込んでおく。

2 ゆるんだみそを溶いて、火をとめる。青ねぎ6〜7本分を刻んで散らす。

キッチン道具の置き方ひとつで

私は子どものころから散らかし屋です。ただ整理整頓が苦手というだけではなく、何かに没頭すると「あとで片づけるのが大変だから今こうしておこう」みたいなことが頭から消えて、次々モノを出してしまうんですね。

キッチン道具の収納はみなさん工夫しているかと思いますが、「出す・つるす派」と「しまう派」がいるように思えます。散らかし屋であるがゆえに、私は長いこと「しまう派」でした。リビング雑誌などで、コンロの脇におしゃれなツールスタンドを置いたり、鍋や小道具をつるしているキッチンの写真を見るたび、私なら油でべたべたにしちゃうな、こういうキッチンで道具をきれいにキープするなんてとても無理、と思っていました。

引き出しや戸棚の中なら多少乱雑でも、閉じてしまえば見えません。鍋、調味料やスパイス、キッチンツール、ラップやホイルなどの消耗品もすべて引き出しや戸棚へしまい、使うときに取り出していました。でも、料理を仕事にして、扱う食材が増え、鍋が増え、おたまやヘラの数も増えてくると、引き出しの中にモノがガチャガチャと詰まっていて、取り出すのも一苦労です。このままではまずいことになる……。

そんな私の収納法が変わったのは、キッチンをリノベーションしたときでした。とりあえずどのぐらいあるのか確かめようと思い、引き出しの中にあったキッチン道具を全部出して眺めてみたのです。すると、毎日欠かさず使っている道具は本当に少ないんだということに気づきました。必需品に見えても、実はパスタのトングやフライ返しのように、わが家では1週間に一度しか使わないものもあります。また、おたまや菜箸のように、たくさんあってもお気に入りのものしか使っていないというものもあります。絶対に毎日使う道具だけを選んでみたら、数えるほどしかなかったのです。

このぐらいの量なら、しかも毎日使ってそのあと洗うものなら、出しっぱなしでもいいかもしれない。そう思い、これまでのルールを少し変えて、最低限のものは見えるところに置いたりつるしたりして、ワンアクションで使える形にしてみました。

調理中、すぐ手の届くところに円筒形のツールスタンドが置いてあります。この中には、菜箸が3〜4組、おたまとシリコンベラが2本ずつ、しゃもじ、取り分けスプーン。仕事柄、菜箸やおたまやヘラは人より多めに持っていますが、このツールスタンドには「毎日、これだけはないと困る」という本数だけを入れています。

流しのすぐ上のバーには、取っ手付きのザル、鍋のふた、毎日のみそ汁やスープに使う小鍋をつるしてあります。調理中に洗って、濡れたままひっかけても流しの上なので大丈夫。その脇には包丁。夫が壁にマグネットバーを取り付けてくれたので、使いたい包丁にすぐ手をのばせるようになりました。

はさみ、計量スプーン、ピーラー、計量カップといった小物類は、冷蔵庫の側面にフックを付けてつるしています。調理中に（場合によっては手が濡れたまま）欲しくなることも多い道具は、探すことなくすぐ手に取れる位置にあると便利です。ミニサイズのおろし金だけは、ほぼ毎日使うけれど、小さくてなくしそうなので引き出しに。――これらが私のキッチンの「スタメン小道具」です。

1週間に1回か2回ぐらい使う「ベンチ入りのサブメンバー」、そしてシーズン性のものやたまにしか使わない「2軍のメンバー」は、これまで通り、引き出しや棚にしまいます。

鍋以外のフライパンや中華鍋、せいろも同様です。これらも、単に種類で分けることはやめ、よく使うものはすぐ取り出せる上の段、あまり使わないものはかがんで開ける下の段と、使う頻度で分類しました。仕事で使うためにたくさん持っているおたまなんかは、ツールスタンド、引き出しの上の段、下の段にバラバラに入っています。

こんなふうにしてから、料理中に引き出しを開ける回数が本当に少なくなりました。日常の料理は出しっぱなしのツールで事足ります。表に出していてもそれほど使わなければ、すぐサブメンバーの引き出しに回します。出す、しまう、つるす、それぞれのいいとこ取りができました。

どんなに忙しくても手は2本きり。一度にできる作業はひとつです。収納の話をするとモノを減らそうという話になりがちですが、やみくもに捨てるより、こうして「自分との距離感」をはかっておくほうが自然だし、しばらく見ることもないと、ああ、これは本当に使わないんだなと思えて捨てる時の目安にもしやすいです。同じ考え方をすれば、キッチン道具だけでなく服や本なども整理しやすくなるかもしれません。

どんな料理を作るにしても、小さな道具はちょこちょこ使うもの。欲しいものがすぐ手に取れるキッチン、快適です。

◎デイリーの道具で作る、ほうれん草のナムル

作り方（2人分）

1 ほうれん草半束（100g）は根元を中心によく洗い、たっぷりの湯で2分半ほど返しながらゆで、水にとってぎゅっと絞る。これを4㎝幅に切る。

2 ボウルに砂糖、しょうゆ、ごま油各小さじ2と、にんにくのすりおろし少々を入れ、ほうれん草、白すりごま小さじ2を加えて菜箸でよく混ぜる。

とんかつが、いまだにうまく揚げられません

うちの息子は、とんかつ好きなのです。大学時代に自転車部のツーリングのときに食べたかつ丼がおいしかったから、と聞いたような気がします。それなのに、実は私、とんかつが苦手なんですね。いえ、食べるのは好きです。揚げるのが苦手なんです。

本やネットで研究してはいます。でもいまだに油から肉を引き上げるタイミングがわからない。パン粉がバラバラ散らかるのも、揚げたあとの鍋に黒く焦げたかすが残ってしまうような手際の悪さも目立ちます。キッチンで汗だくで揚げてうまくいけば拍手ですが、ちょっといい肉を買って火を通し過ぎてしまったときはもう……。

どうして上達しないのかといえば、それは作る回数が圧倒的に少ないから。一度やったことを忘れないうちにもう一度、二度、三度やれば、コツがわかってきます。毎日とんかつを揚げていれば、マスターとまではいかないとしても、とんかつの腕は相当上がるはず。

でも、いくら息子がとんかつ好きでも、家で十日連続でとんかつを揚げることは、主婦の私にはさすがにできませんでした。一度作れば次にとんかつを揚げるのは数週間後、うっかりすると数か月後です。前にやったことはもうすっかり忘れています。

私がかなりいい歳になってから料理の仕事についてなんとかやっているのは、スープだけを反復して作ってきたからだと思います。繰り返し繰り返し毎日作る。同じ素材を切り方や加熱のやり方を変えて何度も作っていると、ほんの少しの差を感じられるようになります。150gの野菜と600㎖の水に小さじ1の塩を入れるとどのぐらいの味になるか。塩が小さじ⅔だとどうなるか。野菜が違うと同じ味つけでどう変わるか。同じものを意識して作り続けるだけで、それまでの20数年間の経験をたった1年で追い越してしまうのです。

飲食店では、昨日までのフレンチレストランが今日からイタリアン、明日はエスニック料理を出すなんてことはありません。日替わりで各国料理を作る現代の主婦は、ちょっと特殊なのです。おばあちゃんの煮物はおいしいと言いますが、あれは昔の主婦はあまり料理のレパートリーがなく、同じ煮物を繰り返し作っていたのでプロ並みに上達し、おいしいものができるようになっていた、というようなことじゃないでしょうか。

わが家におけるとんかつとスープから導き出される真理は、レパートリーは少ないほうが早く上達するということ。みんなの悩みを聞いているとマンネリになってしまうと言う人がよくいますが、マンネリって素晴らしいことです。野菜炒めでも、豚汁でも、親子丼でもナポリタンでも。これはと思う料理を作り続けて道を極めてしまいましょう。

さて、とんかつはあきらめて外で食べるか買ってくる！と割り切ってもいいのですが、やはり家で揚げたてのとんかつを山ほど食べたいという欲に負け、私は忘れたころにまたとんかつを揚げるのです。まだパン粉が音を立てているとんかつにレモンをぎゅっと搾ってから、ビールをプシュッ。とんかつソースではなくウスターソースをかけて食べるのがお気に入りです。店のとんかつとまではいかなくても、揚げたてはやっぱりいいもの。

ちなみに、あまり上手ではないとんかつも、たくさん揚げておいて、残ったものを翌日フライパンやトースターであたためてカツ丼にしたりカツサンドにしたりすると、これはなかなか満足感のあるメニューになります。

◎がんばるとんかつ

作り方（2人分）

1 棒状の豚ヒレ肉300gを2〜2.5㎝の厚さに切る。塩、こしょう少々をふり、小麦粉をまんべんなくまぶす。

2 卵1個を溶いて**1**をくぐらせ、パン粉をまんべんなくまぶす。鍋に適量の揚げ油を入れ、170℃に熱する。

3 衣をつけた肉を1枚ずつ油に入れ、表裏合わせて5〜6分ほど揚げて、網に上げ余熱で火を通す。油の温度を少し上げてから、再度とんかつを入れて30秒ほど揚げる。

家族の好みがわからない

家族に食べ物の好き嫌いが多い、というのは家で料理をあずかる人にとって大きな悩みです。

別に、家族の好き嫌いに合わせて作ることはないのです。誰かに作ってもらったものは文句を言わずに食べる。これが基本だということは踏まえたうえで、でもやっぱり、相手の箸があまり進まないものを作り続けるということは、メンタルが強くないとなかなか難しいものです。一度にたっぷり作る料理など、家族みんなで積極的に食べないと残ってしまいます。最後にひとりで片づけるように食べることが続くと、だんだん作る気もなくなってしまいます。

私の夫は好き嫌いが多く、ひじきやおから、煮た野菜やこんにゃくなど、あると便利な常備菜は取り分けたぶんは食べるのですが、それ以上は箸が進まないんです。あと1品、どうしようと思うことが結構ありました。そんなときによく作るのが、焼いた厚揚げです。

厚揚げは、夫の実家での食事でよく出てきたものです。夫の実家では、家族が集まるときはお寿司などの出前、そこにちょっとした煮物や汁物、サラダなどのおかずを並べるスタイルでしたが、欠かさずに出てきたのが焼き厚揚げでした。居酒屋の定番ですが、私の実家では出てこなかったので印象的だったのです。

オーブントースターが食卓のすぐ脇にあり、厚揚げを焼いている間に義父がおろし金でしょうがをすりおろします。厚揚げは義父の好物でした。これがうまいんだ、とにこにこしながら焼きたての厚揚げにしょうがをのせて、しょうゆをかけて。焼いた厚揚げは店の味だと思っていた私はそれが新鮮で、家でもそれを真似るようになりました。

夫も厚揚げをよく食べました。義父がやっていたように、おろし金を渡してしょうがをすりおろしてもらうこともあるし、大根おろしを頼むこともありました。七味唐辛子をかけても気分が変わります。厚揚げはボリュームもあるし焼くだけなので簡単、食卓をととのえるのにちょうどよかったのです。お酒にもごはんにも合うし、いいおかずだなあと思って、長い間、わが家の定番でした。

ところがある晩、いつものように厚揚げを食べながら私が「お父さんって厚揚げ好きだ

ったよね。やっぱり好みって遺伝するのかな」と言うと、夫はぼそっと、

「厚揚げ、そんなに好きってわけじゃないよ」

一瞬、時が止まったかと思うほどびっくりしました。厚揚げ、好きじゃないの?と再度問い返すと、「嫌いじゃないけれど特に好きってわけじゃない。ごくふつう」と言うのです。私は夫がそれほど好きでもないものを、大好物だと信じて出し続けてきたということになります。なんで言ってくれないの?と、逆ギレしたような質問をぶつけてしまいましたが、当然のように「聞かれなかったから」と言われました。

夫は好き嫌いこそ多いのですが、出された食べ物についてはどんなに嫌いなものでも一切文句を言わず、黙って平らげています。亡き義父からそう躾けられたとのこと。その教育に心から感謝していますが、だからこそ気づきませんでした。ちょっとは自分の好みについて語ってくれたら、もう少し味の歩み寄りができたかもしれません。

日々ごはんのことについて考えてえらそうにわかったようなことを言い、夫の好物を出

そうと努力してきても、こんな笑い話みたいなことがあるのかと、すっかり力が抜けてしまいました。と同時に、ああ、人を知っている気になるのって怖いなと思いました。

厚揚げ事件のあと、私は夫の味覚のことを深く考え過ぎることがなくなりました。嫌になったわけではなく、そもそも人の味覚のようなデリケートな感覚を本当に理解するなんてできないという、大切なことに気づいたのです。結婚30年目のできごとです。

そして私は今もときどき、厚揚げを焼いています。

◎やっぱりおいしい焼き厚揚げ

作り方（2人分）

1 フライパンにサラダ油少々を薄くひいて火にかける。

2 厚揚げ1枚を4等分してフライパンにのせ、ひっくり返しつつ弱火で10分ほどあたためる。またはオーブントースターで焦げ目がつくまで焼く。

3

しょうがをすりおろして添え、しょうゆをかけて食べる。

今夜の献立、どうしよう

悩みますよね。毎日の献立。どうやって決めていますか？

食べたいものがあるとき、たとえば今夜はハンバーグがどうしても食べたいとか、キムチ鍋の気分だなあとか、料理が思い浮ぶときは問題ないのです。冷蔵庫の在庫をチェックしてからまっしぐらにスーパーで目的の食材を買って、ついでに冷えたビールなんかもかごに入れて、さあ作るぞと思いつつ、ウキウキしながら帰れます。

それから、買い物中に食べたいものに出会った日もラッキーです。いい感じのお刺身やピカピカのサンマが安かったらガッツポーズですね。よく行くスーパーには鮮魚コーナーに顔なじみのおじさんがいて、今日はサバがいいよ！とか、イカ持ってきな！みたいなことを言ってくれるので、なるべく乗ることにしています。

野菜売り場でこれを見つけたら必ず買うという野菜もあります。大きくて丸っこい米なすを見つけたら、半分に切って素揚げして大根おろしとしょうゆで食べると決めています

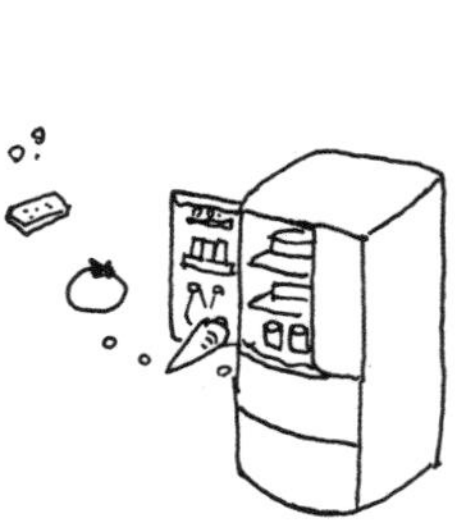

し、たらの芽をシーズン最初に見つけた日は天ぷらです。グリーンピースも出てきたらすぐ豆ごはん。

とはいえ、そんなふうに食べたい気分と条件がピタッと合う日は、1週間のうち1回か2回あればいいほうで、ほとんどの日は「今日は冷蔵庫に鶏のひき肉と油揚げとニラと大根が残っていて、お兄ちゃんは塾だから早めに食べさせなきゃいけなくて、作り置きのおかずはもう食べちゃって……さあどうする?」みたいな、状況と環境に合わせる作り方にならざるを得ません。こういうときは、自分が何を食べるかなんてことは後回しで、先に方針を決めるということが重要になります。

時短優先。買ってきてもレトルト利用でもいいから、サッと作れるものにする。
食べきり優先。残った鶏のひき肉は今日中に使ってしまわなくては。
栄養優先。ここ数日野菜不足だから、野菜食べさせなきゃ。青菜を買って帰ろう。
経済優先。食べたいものはあるけれど、給料日前だから買い物しない方向で……。

気がつきましたか？　私たちはいつも、こういう条件をいくつもかけあわせて、その上で献立を考えているのです。そんなの大変に決まっています。無理しなくていいよ、と言ってもらえたとしても、家庭においてはどれも無視できない大事な要素でもあります。だからこそ悩む、まじめな人ほど悩んでしまうのでしょう。

長いこと、私たちは家の食事について「正しさ」を追い求めてきたような気がします。おいしさ、栄養、経済、環境、愛情。さまざまな「正しさ」が食事にはあると、教える人もメディアも伝えてきました。正しいことが悪いわけではないものの、それがやがて窮屈さに変わり、主婦たちを食事作りの楽しさから遠ざけていると感じることがあります。献立作りにはそのことがよく現れています。

丼物やスパゲッティ、カレーなどの一皿料理は便利ながら、続くとどうも栄養が偏ります。そこで考えたのが、肉も野菜も主食もたっぷりとれるスープかけごはんでした。ごはんにスープをかけて食べる、簡単に言えばねこまんまです。

あれこれ献立を考える必要がなく、器は一皿で済みます。冷蔵庫に残ったものも片づけやすいです。汁かけごはんなんて行儀が悪いという意見もあるかもしれません。でも、もう少し家ごはんはゆるんだほうがいいんじゃないかなと思いますし、献立だってそのほうがひらめくはずなのです。困ったときのスープかけごはん、おすすめです。

◎一皿で決まる、ニラと鶏ひき肉のスープかけごはん

作り方（2人分）

1 鍋に鶏ももひき肉150g、しょうが薄切り1片、塩小さじ2/3、水500mlを入れて中火で煮立てる。アクをすくって弱火にする。

2 味をみてからしょうゆ少々を加えて味をととのえる。倍量の水で溶いた片栗粉小さじ2を混ぜながら加えてとろみをつける。

3 最後に刻んだニラ1/2束を加え、30秒ほどで火を止める。ごはんにかけて食べる。

逃げ道を作る大切さ

疲れたときのごはん作りって、サッカーの試合の後半30分から40分ぐらいを観ている感じに似ています。どういうことかというと、筋肉より脳が疲労していて正しい判断ができなくなっている状態です。疲れているのだからいちばん楽なゴールへの道を選ぶべきなのに、判断が鈍ってなぜか手間のかかる方向にパスを回してしまうというのが、後半のこの時間帯なのです。

ある日、ひどく疲れていた私は、もう何も考えられないし、簡単に済ませようと思っていました。ところが冷蔵庫を開けた瞬間に思考が崩壊。楽ちんごはんはどこへやら、なぜかその日のメニューは野菜の天ぷらにすりかわってしまったのです。なぜ、よりによって天ぷら……しかも組み合わせるメニューも決まらず、食卓はグダグダ。まさにゴールに向かわずパスばかり回している、疲労困憊のサッカー選手みたいでした。

この話をＴｗｉｔｔｅｒでしたところ、「私も同じです！」「私は食事の10分前になぜか煮えにくい根菜料理をはじめてしまいます」なんていう声をずいぶんいただいたので、きっと似たような経験をしたことのある人は多いのではないでしょうか。理性で制御できず、料理をする手が暴走してしまうのです。

家のごはん作りは毎日のこと。大変なら買ってくればいい、外食でいいと言われても、疲れているときはそれを考えることすらできなくなるということを、案外作る人も自覚していないことがあります。だからこそ、本当にそうなってしまう前に、逃げ道をいくつか用意しておくことはとても重要です。

逃げ道には何種類かあります。たとえば、作る体力は残っているけれど何かを考えるのがめんどうだなと思うときは手間が少なく片づけ物も少なめ、一品でばちっと献立が決まって、しかも作り方を手が覚えているような定番料理。私だったら豚のしょうが焼きや肉野菜炒め、カレーや鍋がこれに当たります。20分ぐらいでできることが条件なので、カレーといっても、たまねぎとにんじんとじゃがいもをしっかり煮込むようなカレーではなく、野菜とひき肉をサッと炒めてカレー粉と塩を入れるだけの、サラッとしたスパイスカレー的なものです。べたべたせず皿洗いが楽というのもポイント。

家に食材がなく、もう買い物に行きたくないというときは、缶詰やレトルトを使います。私がよくやるのは、レトルトのパスタソースに玉ねぎやなすなどあり合わせの野菜を炒めて足したスパゲッティ。作るより買ったほうが楽じゃない?と言われますが、私はお惣菜やお弁当を買うことに頭や心を消耗してしまうので、こういうときはかえって頼らないほうが楽に感じるのです。ほんの少し野菜を足すだけで満足感も得られます。

とはいえ、本当に疲れ切っているときや、帰宅が食事時間を大幅に回ってしまうときは、買ったりデリバリーだったりの最終手段となります。疲れたときに買ってくるものや食べに行く場所は、ほぼ決めてあります。どうしようかと考えなくて済むということが最も大事で、定番の店、定番のデリバリーやお弁当などをふたつか3つ、決めておくのです。なるべくなら家族みんながそれが出てくるとちょっとうれしがるようなものがよく、そうであればコンビニのおでんでも、カップラーメンでもかまいません。

頭が疲れているときは頭を使わないに限ります。こうした方法を覚えておくと、いざというときにはじゃじゃーんと自分でそのカードを切って前向きに使うことができますし、なぜか心にゆとりができて、ギリギリまでがんばろうかという気になれるものです。

サッカーの選手は90分で試合終了ですが、私たちの試合はそう簡単に終わりが見えません。あなたの逃げ道は何でしょうか。ぜひ教えてください。

◎逃げ道レシピ・ナス入りのスパゲッティミートソース

作り方（2人分）

1 フライパンにオリーブオイル大さじ2をひき、なす2個の皮をむいてさいの目に切ったものを中火でよく炒める。そこに市販のレトルトのミートソース1袋（2〜3人分のもの）を加え、水100㎖も加えて弱火で煮込む。味をみて、足りないようなら塩とこしょうでととのえる。

2 たっぷりの湯を沸かして塩を加え、スパゲッティ200gを表示時間通りにゆでて湯を切る。これを**1**のソースに加えてあえ、粉チーズを適宜ふりかける。

カルディに小旅行する

私は料理の仕事をしている割には、それほど食のトレンドに強いわけではないんです。あの大流行したタピオカでさえ、初めて飲んだのはすでに小学生にまで行き渡ったあとだったと思います。

同業の料理家さんが好奇心旺盛に食べ歩いているのを見ると、私もこのぐらい勉強熱心にならなくてはいけないなと思います。でも、家でのごはん作りがあるので、外食をしたり出かけて何かを食べたりする機会が少ないのです。家ごはんはいつもの食材や調味料で作れてしまうし、夫もそれほど新しい食べ物を好まないので、新しい食は感度の高い人におまかせすればいいや、みたいに思っているのかもしれません。

そんな私でも、近所のカルディにはちょこちょこ出かけます。

あの、迫ってくるような狭い通路を歩きながら、へー、こんな調味料があるんだ、とか、これからどんな食べ物が流行るのかな、なんてことを情報収集していきます。

今私のスマホには「フルーツ×料理」なんてメモがあって、これは先日カルディに行って書きとめたものです。カルディはお花見や夏休み、ハロウィーンにクリスマスなどなど、季節ごとに今年はこれが新しいんですよ！と伝えてくれるメディアのような場所でもあります。情報誌やウェブなどに、もし気になる食材や調理法があっても、試してみるにはどこかに食べに行ったり自分で食材から調達したりしなきゃいけませんが、カルディはその場で買って食べて味を確認できるのだから最高です。

それに、こんなもの買った！これおいしかった！というのが、親しい人とのコミュニケーションのネタになるのがまた楽しい。「カルディのレモンパスタソースがおいしかったよ」「へー、買ってみよう」となって、買って食べたらまた、「教えてもらったあれ、おいしかった！」となります。少し余分に買って、友達や仕事仲間に渡すことも。SNSでもカルディの話題は人気です。実は私、大のシードル好きで、秋になると出るシードルとりんごのお菓子がセットになった限定のりんごバッグを楽しみにしているのですが、発売情報やうっかり買い損ねたときの売れ残り情報をTwitterで教えてもらいました。

常備しているトマト缶がなくなって、カルディに立ち寄りました。ここで目的のものだけで買い物を終えるのは難しい。今日は韓国のパンケーキみたいなおやつ、ホットクの素を買ってしまいました。ここに来ると、つい予定していなかった買い物をしてしまいます。

人は新しい味に向かうときってすごく慎重になるし、躊躇するもの。でも、カルディには何かにかけるだけ、味をつけて焼くだけ、煮るだけ、みたいな「トッピング・ソース類」や「合わせ調味料」、ちょっとふざけた名前やゆるいデザインのパッケージの商品も多く、新しい味との出会いのハードルをぐっと低くしてくれます。だから買い物に保守的な私でもここにいると冒険心がうつって、ちょっと試してみようかな、と思えるのでしょう。

スーパーで買い物するときには1円単位でこっちが安い、あっちは高いと値ぶみしているのに、カルディではそういう感覚が吹っ飛ぶところ、なんだか旅先で入るお土産屋さんみたいですよね。買い物をして心が軽くなるところも似ています。

新しい世界を見て歩いて、ウキウキしながら家族にお土産を持ち帰る。カルディに出かけるのはきっと、私たちにとって小さな旅行みたいなものなんでしょうね。

◎カルディのソースで作るチキンと豆苗のレモンパスタ

作り方（1人分）

1 鶏むね肉100gはそぎ切りにして片栗粉を薄くまぶし、フライパンにオリーブオイル大さじ1を熱して両面焼く。半分の長さに切った豆苗⅓束も加えてサッと炒める。

2 鍋に湯を沸かして塩を加え、スパゲッティ100gを表示時間通りにゆでて湯を切る。

3 鶏むね肉を焼いたフライパンにカルディの塩レモンパスタソース1袋、ゆでたスパゲッティを加えて全体を混ぜる。

ありのままのごはんと幻のごはん

ＳＮＳで家のごはんに関する発信と受信を繰り返していると、日々の献立に悩み、負担に感じている人がいかに多いか、ということを感じずにはいられません。
なぜそんなに悩むのか、と思わないでもないのです。世の中には外食、お惣菜やお弁当、冷凍食品、加工済み食品やミールキット……実に便利なものがあふれていて、場合によっては経済的だったりします。実際、そういうものをうまく利用して、ごはんのことなどこれっぽっちも考えないで生きている人もたくさんいます。
何年か前、家のごはんについてただ語り合うという会を何度か開きました。
家のごはんについて語ってもらうと、みんながただ日々の食事のことを話すだけなのに、どんどん話が出てきます。食は毎日のことだから話すことがあるのです。そしてどの家も本当に個性的で、同じ食べ方をしている家はひとつもありません。

料理がめんどうで仕方がなかったのだけれど、小学生の娘と一緒に作ることが料理の原動力になった、という人がいました。

毎食、テイクアウトのお弁当を同居の家族と食べていて、でも仕事が忙しいし食のことなんかに疑問を持つことがなかった、これからもそれでOK、という人がいました。

外食が大好きで週3で外食、外で食べたもので作れそうなものを家で再現するのがまた楽しい、という人がいました。

夫がキッチンに入ってくるのが許せないという妻がいました。散らかすし、食べる予定だった食材を使ってもらえないというのが理由でした。

ひどく小食で、放っておくと食べなくなってしまう妻に、なんとかしっかり食事をしてほしいと思ってごはんを作り続けている、という人がいました。

おいしさ、健康、楽しさ、食育、どこかで聞いたような一般的で単調な理由ではなく、その人の体質や生きてきた環境からくる嗜好性や考え方、あるいは家族との関係性、暮らし方、毎日の食にはそうしたものが表れます。人が違えば食事に対する考え方も違って当たり前。でも、同時に環境が私たちにそれを許してくれないという問題も見えています。日々大量にネットに流れてくるきらびやかな食の写真や情報は、私たちの心に「理想の食事とはこういうものですよ」というイメージを刷り込みます。忙しい日々には買ってきたお惣菜にごはんと納豆で簡単に食事を済ませるような日もあって当たり前なのに、プロや玄人はだしの人たちの作る料理にとても届かないと、なぜか思ってしまうのです。

「お袋の味」のような、母親への固定化した表現もそのひとつです。愛情を込めて家族に日々のごはんを作り、お弁当を持たせることはもちろん尊い行為です。でもそれは誰かから言われてやることではないし、無為にその幻想を押しつけるメディアにはうんざりです。事情があって料理をやれない人が、料理をしないのは愛情がないからだと言われたら、どう思うでしょう。こうした幻に悩むのは、もうやめにしたいものです。

私たちが空虚な、それでいて無視できないほど大きな家庭料理のイメージに対抗するひとつの手段は、ありのままを語り、ありのままで話す人の言葉を聞くことだと思います。今はネットの上でそれができるようになりました。

語ったからといって、そんな、貝が口をぱくっと開けるように気持ちよく明快な答えは決して見つかりません。なぜ悩みが尽きないんだろうね、という疑問でその日は終わり。そして、それを探してみようとまた明日に続くのです。その繰り返しの中に、ありのままのごはんはあります。まるで人生と同じです。

◎あさりとブロッコリーの酒蒸し

作り方（2〜3人分）

1 あさり250gは、3％の塩水に数時間浸けて砂を抜き、ザルに上げて洗う。

2 深めのフライパンにごま油大さじ½を熱し、つぶしたにんにく1片、一口大に切ったブロッコリー½株を強火で炒め、酒大さじ1と水100㎖と塩小さじ⅓を加える。

3 あさりをフライパンに加えてふたをし、中火にしてあさりの口が開くまで待つ。仕上げにしょうゆを少々加えて味をととのえる。

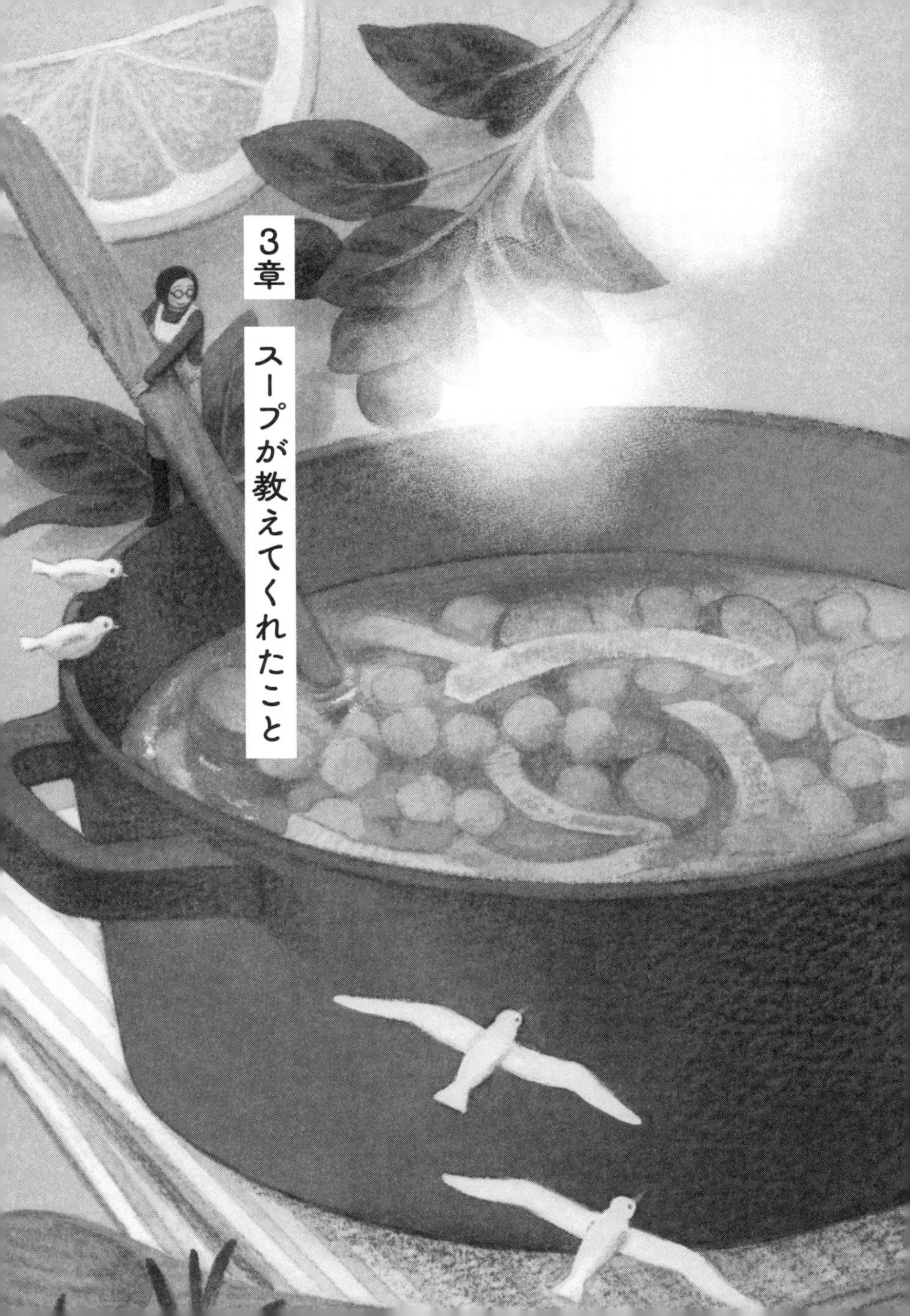

3章 スープが教えてくれたこと

キャベツのスープと料理の神様

私がこれまで作ってきたスープの中で特別な一品があるとしたら、「焦がしキャベツのスープ」ではないかと思います。

これは、書籍『スープ・レッスン』（プレジデント社）の表紙にもなったスープです。表紙を決めるときに候補になったスープ写真が3種類ありました。ところが担当編集者があまりに考え過ぎて迷ってしまい、選べなくなってしまいました。そこで私が3枚の写真をSNSに投稿して人気投票をしたところ、ぶっちぎりでこのスープが1位だったのです。ダイナミックに切って、こんがりと焦げ色がついたキャベツのビジュアル、厚切りのベーコン、それらの焼けた色が溶け出した食欲をそそるスープ。だしを使わず素材だけのうまみで食べさせる一皿に、みなさんひかれたのでしょう。実際に、食べてもおいしく、コンソメの素も使わずにこのうまみが出るのか、と驚かれます。

どこからこのスープを思いついたんですか?とよく聞かれます。大きな声じゃ言えないのですが、これは失敗作から生まれたスープなんです。

ある朝、キャベツとベーコンのスープを作っていました。最初に少しの水とキャベツを鍋に入れて、ぴったりとふたをして蒸し煮するというやり方で。こうするとおいしくなるのです。ところがこの日、洗濯物に気をとられていたのか、朝から出かけるのでバタバタしていたせいか、ふっと火の前を離れちゃったんです。キッチンに戻ってきたときは、鍋がチリチリ音を立てていました。あわててふたをとると、キャベツとたまねぎが焦げてしまっています。

あー、やってしまった……と思いつつ、真っ黒というわけじゃないし、なんとかなるのではと、焦げ過ぎたところだけをちょっとよけて、そのまま水を加えて煮立ててみました。すると、野菜の焦げた部分が水に溶け出して、なんだか素敵な褐色になっています。そういえばカレーのあめ色のたまねぎに水を加えるとこんな感じになるなと思いました。しかも、スープの味見をしてみると意外なほどおいしかったのです。

料理の本を読んで、そうか、これはメイラード反応というもので、食品の焦げに含まれるうまみや香りが水に溶け出したんだなと理解したのはずっとあとになってからのことです。

シェフがコンソメを作るときは、わざと真っ黒になるまで焼いた野菜を入れることもあると知りました。キャベツを大きなくし切りにして作ったらビジュアルに迫力が出て、私のキャベツスープができました。

さもすごい発見をした！みたいな書き方をしてしまいましたが、くし切りのキャベツを焦がして煮込むなんて、実はそれほど特別な調理法ではありません。私の前にもやっていた方はたくさんいたはずです。でも、旬の野菜をたっぷり使う私のスープに合っていたのか、やっぱり焼き色の魅力なのか、連載や本を見て作ったという声をたくさんいただきました。

料理のアイデアをいくら思いついたとしても、みんなに繰り返し作ってもらえるような料理はそう簡単に生まれるものではありません。ほかの方を見てもそうで、一流のシェフや人気の料理家でも、「あの人といえばこの料理」と言えるような、その人らしさもあり、かつ多くの人に作ってもらえる料理は、それほど多くはないと思います。だから私も、食卓までちゃんと届いたなと実感の持てたレシピには、料理の神様がついてくれたんだと思うようになりました。

料理に没頭していると、まれにこういうことがあります。不思議なことに、うっかり焦がしてしまったというような一見マイナスの形をとって現れることも多く、そこがまた神様っぽいです。料理の失敗に凹むのではなく、むしろ失敗をおそれず（あるいは気にせずに）前に進む人のところに、神様は降りてきます。ま、たまにですけどね。

◎失敗から生まれた、焦がしキャベツのスープ

作り方（2人分）

1 キャベツ1/4個をくし切りでふたつに切り分ける。葉がバラバラにならないよう、つまようじを刺しておく。

2 深めのフライパンに油大さじ1をひいて熱し、キャベツの切り口を下にして並べ、中火でしっかり焦げ目がつくまで焼く。ひっくり返して油を少量足し、裏も同様に焼く。食べやすく切ったベーコン40gも並べて軽く焦げ目をつけ

る。

3 水600㎖と塩小さじ⅔を加え、沸騰したら弱火にし、ふたをしてキャベツがやわらかくなるまで煮る。

ミネストローネのせめぎあい

具だくさんのスープを見ると、私は大人数の宴会を思い浮かべます。最近、宴会は嫌われる傾向にあり「宴会は好きじゃない」と言い切る人も多いですが、私は昔から人の集まりが大好きでした。

ふだんはひとりで仕事をしていることが多いし、人とお酒を飲むことが好きだからという理由もあるのですが、子どものころから人の大勢いる環境で育ったせいだろうと思います。好きな人たちが集まって和やかにしゃべっている場所にいると、自分が人の輪の一部になって混ざり合って溶けていくような安心感があるのです。お祭りや日曜日のデパートではいつも人酔いしていたので、イベントが好きというよりは、知り合いが集まっている場所にいるのが好き、というのが近いかもしれません。

とはいえ、会話を楽しみたいなら宴会じゃないな……というのも確かです。はしゃいで笑って楽しい気分で帰る道すがら、「あれ、今日は誰と何を話した?」と思い返そうとして、何も思い出せないこともあります。それは飲み過ぎたせいだけではないはず。

居酒屋にいると、お客さんの声が時間につれて大きくなっていきます。声を張り上げて話をする声にまた別の声がかぶさって、その声がひとつにまとまって「ガヤガヤした人の話し声」になってしまっています。トイレに立って通路を歩くと、右からも左からもそんな声のかたまりがワーンと聞こえてくる、あの感じ。話の内容なんて言葉の端々しか聞き取れませんし、1対1でおしゃべりしているところに誰かが横入りすることもよくあることです。

だから、もし誰かとじっくり話をしたいなら、大人数よりふたりか3人。信頼できる相手なら差し向かい、3人の会話は視点が増えて話が深くなるので、3人の予定ができたときは楽しみです。

これ、スープでも同じだなと思うのです。素材とじっくり向き合いたいときはあまり食材の数を使わないほうがいい。逆に、にぎやかな味にしたいなら、多種類の具材を合わせていくということです。

たとえば、小さめのたまねぎ半個をみじん切りにして炒めたところに、刻んだ旬の完熟トマト2個を加えて煮込むと、トマトのおいしさをすみずみまでじっくりと味わえるシンプルなトマトスープになります。

ここに、にんじん、キャベツ、ズッキーニ、じゃがいも、マッシュルームなどを少しずつ入れて一緒に煮込んでいくと、それはミネストローネに限りなく近づいていきます。がやがやした味のスープです。このときトマトはだんだんとベースの味に引っ込んでいき、「トマトスープ」ではなくて「トマト味のスープ」になるのです。

宴会が好きなように、私はミネストローネも大好きです。野菜のうまみが混ざり合い、馴染んで、集まった人の声と同じように、ひとつの味にまとまるのがミネストローネの大きな魅力です。でも、だからこそ、新鮮な野菜が手に入って野菜そのものの風味を味わいたいときは、組み合わせるものを厳選して、素材の味がまっすぐ味わえるようなシンプルなスープを作ります。3つぐらいまでだと相乗効果が出るのは、これも人の会話と同じです。がやがやスープとじっくりスープは、その日の気分で作り分けます。ミネストローネはたいてい冷蔵庫に残り野菜が少しずつあるというキッチンの事情から作ることが多いです。多少しなびた野菜でも、ミネストローネなら懐深く受け入れてくれます。

今日は野菜たちがお待ちかね。ミネストローネを作ってみましょうか。

◎具だくさんのがやがやミネストローネ

作り方（4〜5人分）

1 たまねぎ½個、にんじん½本、セロリ⅓本、エリンギ1本、じゃがいも1個、キャベツ⅙個、ベーコン40gは、すべて1㎝角に刻む。にんにく1片はつぶす。

2 鍋にオリーブオイル大さじ1とベーコンとにんにくを入れ、弱火でじっくり香りを立てるように加熱する。ベーコンが色づいたらたまねぎを加えて中火で2分ほど炒める。

3 にんじん、セロリ、エリンギ、じゃがいも、キャベツを順に加えていき、塩小さじ1を入れて野菜がしんなりするまでしっかり炒める。トマト缶1缶（400g）のトマトを加え、ヘラでつぶしながらさらに炒める。

4 トマト缶に残っているジュースと空き缶1缶分の水を加えて20〜30分煮込む。最後に水を1カップほど足して水分量を調節し、味をみてから塩、こしょうで味をととのえる。

にぼしと私

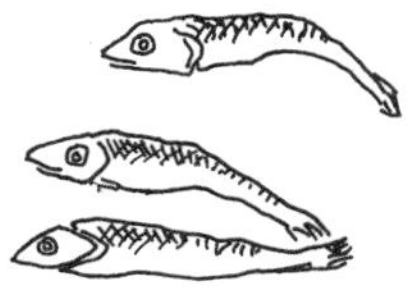

どんなにおいしくても、手間がかかったり、その家の経済状況に合わなかったりするようなら、その食材や調味料は長続きしません。家の定番になって毎日出番のある食材というのは、何かしらその人にとって「おいしい」だけではなく、「無理がない」ものだと思うのです。

私にとっての「にぼし」はまさに、そういう存在です。

毎日のみそ汁のだし、どうする?となったとき、気持ちにゆとりがあればかつおやこんぶや椎茸でだしをとることもあるし、忙しいときは顆粒だしやだしパックを使うことも、だしを使わずに作ることもあります。でも、わが家でいちばん出番が多いのは、にぼしなんです。手間と味の両方をかけ合わせて答えを出したとき、便利な顆粒だしやだしパックと比べてもにぼしのパフォーマンスが勝つと、心のどこかで判断しているからでしょう。にぼしのだしには強い味わいと香りがあり、特にみそとの相性は抜群です。

にぼしは文字通り小魚をゆでてから乾燥させたもので、じゃこ、いりこなんて呼び方もします。にぼし用の魚は何種類もあり、イワシ（カタクチイワシ）が一般的。大きさがいろいろあってどれを買えばいいか売り場で迷うところですが、大きさに合わせて使う本数を増減すればいいだけです。大きすぎても小さすぎてもそのまま具にするのに邪魔になるので、私は7～9㎝ぐらいのものを選んでいます。２人分のみそ汁なら6～7尾もあれば十分です。

にぼしを買ってきたら、小さなジップロックスクリューロックにひとつかみ入れ、残りは袋の口をしっかり縛って冷凍庫に入れてしまいます。にぼしは酸化が早いので冷凍保存です。ひとつかみぐらいなら常温保存でもすぐ使い切りますし、手の届きやすい棚にあると、使いたいとき気軽に手をのばせて習慣化します。

レシピ本やネットには「頭やはらわたを取る」とありますが、私の母はそのままポーンと鍋に入れて水を加えて煮出していました。これでもいいのです。食べてみて雑味が気になるなら頭を取ってから身をまっぷたつに割いて、はらわたも取ってしまいます。割くとだしも出やすくなるので、私はそうしています。水の入った鍋を火にかけ、そこへにぼしをポンポン入れていきます。

水から煮はじめて中火よりちょっと弱いぐらいで沸騰させてから5分くらいでしょうか。とはいっても煮出す時間もわりとアバウト。私は沸騰したらすぐ具材を入れてしまうこともあります。具材がじわじわ煮えるうちに、だしも追いかけるように出てきます。

ゆとりがあればにぼしをあらかじめ30分ぐらい水に浸けておくと、よりうまみが出ます。朝食でにぼしだしを使う予定のあるときは前の晩に水に浸けてそのまま寝てしまうことも。どんなとり方をしてもちゃんとだしが出るので気楽です。

もうひとつよいところは、そのまま具としても食べられることで、だしがら問題もありません。みそ汁からぴょっこりにぼしが出てきたら、当たり！と喜ぶのは、子どものころからの習慣です。にぼしだしは、気取らない単品野菜の煮物にも向いていて、なすの揚げびたしやかぼちゃなどをにぼしだしで作ると強いうまみが染み込んで、パンチのある味になります。煮汁が染み込んだにぼし自体がこれまたごはんのおかずになるので合理的です。

最近はにぼしがあまり使われなくなっていると聞きますが、私はこれからもにぼしを使い続けるだろうなと思います。いろいろな具材を受け止めてくれる懐の深さと、私のいい加減な料理を許してくれるお気楽さが大きな魅力です。

◎にぼしだしによく合う、大根と油揚げのみそ汁

作り方（2人分）

1 鍋に水450㎖と、頭を取ってふたつに割き、はらわたを取ったにぼし6～7尾（7～9㎝ぐらいのもの）を入れ、中弱火にかける。大根4㎝は細切り、油揚げ½枚も細めに刻む。

2 鍋が煮立って5分ほどしたら大根を加えて煮る。大根がやわらかくなったら油揚げを加え、みそ大さじ2を溶き入れて火を止める。

おいしいみその見分け方

少しお恥ずかしい話ですが、私は10年ぐらい前まで、みそがどう作られているかをちゃんとは知りませんでした。みそ汁は毎日作っていたのに、調味料としてのみそは、もうそこに「できあがっているもの」だったんです。

あるとき、みそ作りのワークショップに参加して、「ほうほう、みそとは蒸したりゆでたりした大豆をすりつぶし、米と麹《こうじ》を混ぜて、樽に入れてふたをして半年以上寝かせておくとできるのか」ということを、頭ではなく体感的にイメージできるようになりました。米の麹を自分の手で触ったのも初めてでした。

みそ作りを体験する前はスーパーのみそ売り場に立つと、ベージュか茶色のスウェットを着た同じ顔の人たちが一列に並んでいるように見えて、えーと、誰に声かけましょうか、みたいな気分でした。よく違いがわからないからパッケージの表記を見ながら、添加物が入っていないかな、やっぱり国産大豆がいいのかな、長期熟成って書いてあるけど本当かな……。知識の切れっぱしほど役に立たないものはありません。全体を知らないのに、言葉だけ見て判断がつくわけがないのです。それが、みそを自分で作ってみたことによってイメージをしっかり持てるようになりました。

先日、発酵デザイナーの小倉ヒラクさんと対談をしたとき、「1キロ千円以上のみそはだいたいおいしい、ちゃんと作られていることが多い」と聞きました。高いみそは売り場の棚の上のほうにあるので、棚の上半分から探そうという話もあり、なるほど、こういうのはみそのことを知り尽くしているからこその、ざっくりではあるけれどわかりやすい見分け方だなと思いました。

とはいえ、自分で選びたい気持ちもあります。みそ作りを体験してよかったのは、「みその顔」が区別できるようになったことです。同じ顔に見えていたみそたちは、似ていてもちょっとずつ違う表情を持っています。

たとえば原料の欄に、大豆・米（こうじ）・塩、と書いてあれば米みそ。大豆・麦（こうじ）・塩、とあれば麦みそです。白みそは麹が多めで塩分が少なく、よって熟成期間が短いみそ（塩が少ないと悪くなりやすく長期熟成はできないので）。黒っぽい色のみそはぐっと熟成が進んだみそ。

パッケージに丸いおへそのようなキャップが付いているみそがあります。それは加熱やアルコールによって麹の働きを止めていない生みそです。麹菌が生きていて、個包装になってからも少しずつ熟成が進んでいるのです。

みそ作りを体験したら、こういったみその作られ方の違いがスッと頭に入ってくるようになり、また味の違いもちゃんと感じられるようになりました。


家では決まったみそを長年使っていますが、スープ作家としての仕事を通して、いろいろなみそと出会うようになりました。豆、塩、麹というシンプルな素材でできているのに味わい豊かで、同じものがひとつとしてありません。麹は生き物。小さな蔵に面白いものがあります。

秋田県横手市にある羽場《はば》こうじ店という麹屋さんに「旵助《きすけ》みそ」というみそがあります。これは、麹が通常の倍量ぐらい入ったうまみの強い米みそで、みそ汁はもちろん、薄くスライスした大根をつけて食べたりするのにもぴったりです。また、京都の西陣で百年以上みそ作りをしている加藤商店の「京の田舎・粒味噌」は、1年以上木樽でしっかり熟成させた、うまみと風味の強い田舎みそ。𠮷助みそとは、同じ米みそとは思えないほど味わいが違います。あっさりした夏野菜を具にしたみそ汁や、中華の炒め物にも向いています。

私は関東育ちなので、ずっと米みそに親しんできましたが、九州を中心に食べられている麦みそもさっぱりしていて香りがよく、おいしいなと思うようになりました。山口県防府市にある光浦醸造という、こちらも百五十年以上続く醸造所の「麦みそ」は麦の香り豊か、具だくさんの野菜のみそ汁によく合います。

ふだん使いのみそは1種類でも十分です。ただ、みそを変えると味わいの幅が広がるのは確か。私はよく野菜一品豚汁を作ります。キャベツやかぶなどの豚汁は白みそ、なすやピーマンなどの豚汁は熟成感の強いみそが合うようです。一度みそ作りをやってみると、みそへの理解がぐっと深まって、たくさんのおいしいみそと出会えるようになります。最近ではみその手作り体験も手軽にできるようになっているので、「参加してみたら?」とまわりの人にすすめています。

◎熟成したみそが合う、なすのごま豚汁

作り方（2人分）

1 なす3本はヘタを取り縦半分に切ってから、4㎝幅に切る。豚バラ薄切り肉100gは5㎝幅に切る。

2 深型のフライパンにサラダ油大さじ2を中火で熱し、なすの皮を下にして並べ入れる。1分ほど焼いたら裏面も少し焼く。焼き目がついたら端に寄せ、豚肉も加える。

3 水500㎖と砂糖大さじ½を加え、ひと煮立ちしたら火を弱めてふたをして5分煮る。みそ大さじ2と½を溶き入れ、仕上げに白すりごま大さじ2を加える。

こうして私は料理が得意になってしまった

ある冬の朝、私はスープ作りをはじめました。あり合わせの食材で作る、なんということもないスープですが、飽きっぽい私にしては珍しく続き、今年で10年目です。その間に私は撮りためたスープの写真とレシピをもとに「スープ作家」を名乗って本を出し、料理指南をするようになりました。料理の修業など何ひとつしていない主婦が、プロになったのです。

いまだにプロとしての技術は高くはありません。でも、仕事として料理をするようになったら、そうか、こういうところがプロと主婦の差なんだなという点がいくつかわかるようになりました。そのひとつが、油と塩の使い方です。

ミネストローネを作るとき、イタリアンレストランのシェフのレシピを参考にしようと本やネットでレシピを次々に調べていたときでした。あれ、油が多くない？　それもいつも私が使っている量の3倍くらいは多いのです。でも、その通りに入れてみると急にレストランのスープらしくなりました。

また、かつお節のだしに塩を少しずつ増やす実験をしていたときのこと。ある点を境においしさが跳ね上がりました。「塩ひとつまみ」が自分の考えていた量よりずっと多いということも知りました。こういうことを繰り返すうちに、私はあと一歩踏み込むような油や塩の使い方ができるようになっていきました。さらに、スープで学んだことをふだんの料理にも生かすと、自分の料理の何かが変わりました。

たとえば青菜炒め。ザクザク切った小松菜やチンゲン菜を、にんにくの香りをつけた油と塩で炒めるだけのシンプルな中華料理です。

以前の私はフライパンや中華鍋に油を入れるとき、ボトルからどぼっと油が入ると、あっ!と手を引っ込めていました。入れ過ぎるのが怖いのです。塩も同じ。塩分のとり過ぎはいけないという心が働いて味をしっかり決めきれません。でも、油と塩を少し追加してみたら、中華料理店で出てくるような青菜炒めになりました。油が多いと温度も下がりにくいから、水分が出てくる前にシャキッと炒められるということもあるのでしょう。もちろん、過度な油や塩は料理を台無しにしてしまいますし、健康にもよくないので、私もいつもは油も塩もひかえめです。でも、一度でいいから「味をつけきること」を自分の体と舌に覚えさせる経験が、料理をするうえではすごく大事なんだと感じました。

いまだに自信満々というわけではありません。それでも味つけでよく迷子になっていたころと比べたら、料理に自信が持てるようになりました。それはトレーニングで腕を磨いたというような上達ではなく、自分がいる地点がわかったという意識の差なのです。「料理が得意になった」というよりは「いつのまにか料理が得意になっていた」という感覚です。

以前の私のように、味つけを怖がってぼんやりした味になってしまう人も多いようです。油と塩だけで作る青菜炒めはとてもわかりやすい料理だと思います。たっぷりの油をしっかり熱する、あまり長々炒めない、塩をきちんときかせる。決めどころははっきりしています。何もかけずにこれだけでおいしいと思える青菜炒めに挑戦してみてください。

◎油と塩をがつん、小松菜の塩炒め

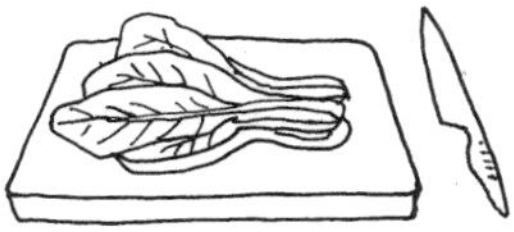

作り方（2人分）

1 小松菜1束（200g）は根元を中心によく洗い（少し水に浸けておくとパリッとする）、水気をしっかりきる。根元を切り落とし、5㎝のざく切りにする。にんにく1片は皮をむいてつぶす。

2 中華鍋またはフライパンにサラダ油大さじ2とにんにくを入れて弱火で熱する。にんにくの香りが十分に立ってうっすら色づいたら強火に切り替え、小松菜を一度に入れて広げる。

3 動かさずに30秒ほど数えてから大きく混ぜ、全体に油が回ったら水大さじ1を加える。葉の部分がしんなりしたら塩小さじ½（3g）も加え、強火のまま鍋またはフライパンをゆすりつつ一気に炒める。炒め時間は小松菜を入れてから約2分。

スープの方程式

スープ作家になってからいちばんよく聞かれるのは、「どうやったら毎日あんなに違うスープを考えつくのですか?」「組み合わせのコツや法則はありますか?」ということです。最初はうまく答えられなかったのですが、そのうち、自分がスープを考えるときに、ひとつの型の中で考えていることに気がつきました。それを簡単にしたのが「スープの方程式」です。

（素材）×（だし）×（オイル）×（調味料）

私は基本的にこの4つを頭に入れておき、この4つに当てはめるものによって、次々と組み合わせを作り出しています。具体的な例で、説明してみますね。

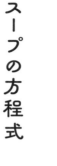

（たまねぎと鶏肉）×（コンソメの素）×（オリーブオイル）×（塩・こしょう）

たまねぎと鶏肉というありふれた組み合わせを、洋風のコンソメ仕立てにします。だしは洋風のコンソメの素、油はオリーブオイル、味つけは塩とこしょうです。たまねぎのうまみを引き出すために、薄切りのたまねぎをオリーブオイルで炒めてから、刻んだ鶏のもも肉と水、コンソメの素、塩とこしょうを加えて煮ます。たまねぎの甘さと鶏のだしがおいしいスープです。

では、同じ具材で、味つけを変えてみたらどうなるでしょうか。

（たまねぎと鶏肉）×（鶏ガラスープの素）×（ごま油）×（塩・こしょう）

さっきのスープから、だしと油だけを変えて、今度は中華スープにしてみます。鍋に水を沸かして鶏ガラスープの素を溶かし、刻んだ鶏もも肉を煮ます。煮立ったら、みじん切りにしたたまねぎを入れてサッと煮て塩とこしょうで味をととのえ、仕上げにごま油を少したらす。同じたまねぎと鶏、塩とこしょうの組み合わせですが、たまねぎは炒めずに軽く煮て、サクサクした食感を残しています。ごま油を風味づけに使って、香りがより感じられるスープになりました。

今度は作り方を変えずに具材ひとつと調味料を変え、中華のスープをもう一品作ってみます。

（ピーマンと鶏肉）×（鶏ガラスープの素）×（ごま油）×（しょうゆ）

前のスープとまったく同じ作り方で、たまねぎをピーマンの千切りに、塩をしょうゆに替えました。以前、ラーメン屋でピーマンの千切りが入ったしょうゆラーメンを食べておいしかったので、そこからの連想です。ちょっと片栗粉でとろみをつけてもいいと思います。

鶏肉をひき肉にしてもおいしいだろうし、しょうがを使ったら風味がまた変わるし、たけのこの千切りを入れたらどうかな。少し料理をしている人だったら、こんなアレンジも考えつくのではないでしょうか。

最初は間違いない定番で作ったおいしい組み合わせを、そこからちょっとずつ調味料や具材をずらしながら、レパートリーを増やしています。旬の食材が春夏秋冬と出てくるので、その具材を中心にして、だしや調味料や油の組み合わせを変えていくだけで次々と新たな組み合わせが生まれ、尽きることがないので驚きます。

「そんな組み合わせ、思いつかない！」というような組み合わせなんて、そうそうありません。もしひらめいても、たいてい誰かが先に思いついているものです。新しいものをがんばって考えようとするより、ひとつずつ試して相性のよいお気に入りを見つけていくほうが気楽です。とはいえオリジナリティはどんな人にでもあります。以前ワークショップでこのスープの方程式をお教えして、目の前にある食材で好きなスープを作ってもらったら、同じスープはひとつとしてありませんでした。

素材、だし、オイル、調味料、それぞれのポイントを説明します。

「素材」はうまみの出る肉や魚、油揚げなどのたんぱく質が含まれる素材と、野菜1〜3

種類ぐらいまでの組み合わせが多いです。組み合わせは同じ季節のもので。また、たとえば同じセリ科のにんじんとセロリは合うなど、同じ科のものも相性がよいです。

「だし」は、昆布、かつお、椎茸などの和風だし、肉のブイヨンなどの洋風だし、鶏ガラスープなどの中華だし。顆粒だしやコンソメキューブでも十分です。

「オイル」は、料理のいわば「国籍」を決めるもの。オリーブオイルやバターなら洋風、ごま油で中華風、和風のお吸い物やみそ汁はオイルなし。

「調味料」の基本は、塩気のつく塩、しょうゆ、みそです。これだけだともの足りないときは、少しの砂糖や酢、またはこしょうやカレー粉などのスパイスを加えて食べたい味を探していきます。キムチやチーズなど、ちょっとした加工食品の塩気を借りることもあります。

このぐらいを頭に入れておけば、失敗もしにくくなります。たくさんルールがあるように見えて、その骨組みはとてもシンプル。このことがわかると、スープ作りは簡単で楽しいものになります。気負わずできるのがスープの魅力です。

◎スープの方程式で作る、ピーマンと鶏のスープ

作り方（2人分）

1 ピーマン2個はヘタと種を取って千切りにする。

2 鍋に水400㎖を入れて沸かし、食べやすく切った鶏もも肉80gと顆粒のコンソメの素小さじ½と塩小さじ⅓を加えて煮る。

3 ピーマンを加え、少ししんなりするまで3～4分ほど煮る。しょうゆ小さじ1とこしょう少々で味をととのえる。火を止めてごま油少々をたらす。

だしの呪縛から解き放たれたとき

料理に使う「だし」を、すごく難しく考えている人が多いようです。だしってどうやってとればいいんですか?と身構えてたずねてくる人に、「顆粒だしでもいいと思います」と答えると、ほっとした表情になります。だしは難易度が高いものだと思われているのかもしれません。その一方で、「だしはなんでもいいですよ」と言うと不満そうな人もいます。だしに、こだわりたいのです。一筋縄ではいきません。今こんな話をしている私だって、きちんとだしをとろうと思いつつ、いざやろうとすると背筋が伸びるような、少し緊張するようなところがあります。

だしは漢字で「出汁」と書きます。食品を水で煮出したり浸けたりして、うまみや風味を出した汁、という意味です。和風のだしは「出汁（だし）」、中華だしは「湯（たん）」、洋風だしは「ブイヨン、スープストック」などと呼び分けますが、私は全部ひっくるめて「だし」と言っています。どんな料理でも「だしは重要」とされて、基本中の基本とされています。そんなわけで私も長年、だしがないと料理が成り立たないと思っていました。

あるとき、野菜をさっと炒めて、そこに水と塩を加えて煮出しただけのスープをとてもおいしく感じるという体験をしました。「だしなしスープ」です。これがきっかけとなって、だしから自由になりました。

だしなしスープといっても、わざわざ専用でとっただしがないというだけの話で、具から出たうまみがだしとなり、ちゃんと味は成立しています。スープばかり作っていると、ブロッコリーだし、小松菜だし、白菜だし、ベーコンだし、豆腐のだし、りんごのだし、漬物のだし、アジの開きを食べたあとに残った骨のだし……とにかくありとあらゆるものから、だしが出ていることを感じます。それらは、本格的にとった昆布とかつおのだしや鶏ガラのブイヨンに比べると、うまみも風味も淡いものです。でも、だしだけを飲むわけではなく、ほかのだしや具材と一緒に食べるのであれば、十分なだしと言えます。

「だしから自由になった」というのは、使っても使わなくても大丈夫になったということで、昆布やかつお、肉などで本格的にとっただしが加わるとぐっとおいしくなる料理もたくさんありますし、私も毎日のみそ汁にはだしを使っています。それでも、「だしを使わない選択肢」を持ったことで、スープの幅が広がったことは確かです。

そうなのです。日本にはだしの種類があり過ぎて、それが迷いのもとになっているのです。たとえば手軽にだしをとりたいという人にとって、いちばん活躍するのは「顆粒だし」や「だしパック」ではないでしょうか。どんなスーパーでも売っている顆粒だしはほんのひとつまみでも劇的に味が変わり重宝しますが、スーパーに行くとその種類の多さに戸惑います。コンソメや中華だしも同様です。

料理を始めたばかりの人にまずお伝えしたいのは、これでなくてはいけないというだしはないということと、だしがなくてもおいしくできる料理はたくさんあるということです。

だしを使わないスープを作っていると、あ、この野菜ならもうだしはなくても十分なうまみがあるなと思う一方、こっちの野菜はただ水で煮て塩味をつけるだけではうまみが足りないから味の支えが欲しいなと思うことも出てきます。そこでようやく、だしがその料理に必要か必要でないかがわかる。それをさまざまな野菜で試してみたことは自分が日々スープを作ってきていちばんの学びだったと思います。

顆粒だしやだしパックでもきちんとうまみはつくので、プロをめざす人を除けば、本格的なだしについて考えるのは料理に慣れたあとでもいいような気がします。顆粒だしやだしパックを使うときに気をつけなくてはいけないのは、塩分です。けっこうな塩分が入っていることが多く、調味料を減らさなくてはいけないからです。それとやはり、量を使い過ぎないということ。うまみが過剰だと素材の味を感じられなくなってしまうからです。これらを踏まえて使うのであれば、忙しいときの心強い助っ人になってくれます。

◎だしを使わないねぎスープ

作り方（2人分）

1 長ねぎ1本は斜め薄切りにする。鶏皮焼き鳥（塩）大1本は串からはずす。

2 鍋にごま油大さじ1をひき、長ねぎを焦がさないようにじっくり炒める。途中から鶏皮、塩小さじ½も加えて一緒に炒める。

3 水500㎖を加えて煮立て、ふたをずらした状態で、弱火で5分ほど煮込む。

好みで黒こしょうをふる。

けんちん汁とちろりの夜

お酒が好きな女友達と連れ立って日本酒をそろえている居酒屋に行ったとき、つき出しとしてけんちん汁が出てきたことがあります。いいねえ、と盛り上がりました。

汁物はお酒とは相性が悪いと思いきや、そんなことはないのです。スープが胃を保護してくれるし飲み過ぎ防止にもなるので、つき出しとして出てくるのって実は合理的でもあります。豚汁やけんちん汁、ポトフはもちろん、ちょっとだけ塩気を強くしたポタージュやガスパチョも、日本酒やワインなど、お酒の友になります。

私の父はよく汁物で晩酌していて、けんちん汁なんか大好きでした。大根、ごぼう、豆腐、干し椎茸、こんにゃく、里芋。味の染みた具材でお酒を楽しんで、飲み終わったら、汁をおかわりしてごはんと一緒に締めくくる。このスタイルは、家呑みにぴったりです。

「ちろり」って、若い方はご存じないでしょうか。日本酒を熱燗《あつかん》にするための道具で、日本酒を注いでやかんや鍋の湯に入れておくのです。父がアルミ製のちろりに一升びんからお酒を注いでいる姿が、私の中ではけんちん汁と結びついています。寒い時期によく母が作っていたからでしょう。

豚汁とけんちん汁、具材の構成はほとんど変わりません。けんちん汁は精進料理なので、豚の代わりに豆腐を入れ、みそではなく塩と少しのしょうゆで味をつけます。

子どものころは断然肉の入った豚汁派だったのが、いつのまにか、けんちん汁も同じぐらい好きになりました。それほど好きではなかったのに大人になって好きになったものは、大人がおいしそうに食べている姿が記憶に残っているものという気がしています。

好き嫌いの多い子には、つい食べさせることばかり一生懸命になってしまいますが、むしろ、こんなにうまいものは子どもには食べさせないよ、という顔で大人が大事に食べている姿を見せるほうがいい。すると、子ども心に、大人になったらおいしく感じられるはずだと刷り込まれるのではないかと思います。けんちん汁と熱燗の組み合わせなんて、子どもにはおいしいと思えるものではないはずなのに、私の心の奥のおいしいものリストに入っていて、大人になってそれが引き出されたようです。

ふだんはそれほど料理の作り置きをしない私ですが、けんちん汁は大鍋に作って、翌日に残るようにしておきます。翌日になって、豆腐の水分が抜けてかたくなったようなのがおいしいし、うどんを入れてもいいのです。

具はこれでなくてはいけないというものはなく、とはいえポピュラーなのは、大根、にんじん、ごぼう、こんにゃく、きのこ、里芋、豆腐。長ねぎやれんこん、油揚げを入れることもあります。母は豆腐を先にごま油で炒めてポロポロにしておいて、そこにほかの下ごしらえをした野菜を入れて煮ていました。この作り方だと豆腐が鍋にくっつきやすかったので、私が結婚して作るようになってからは、豆腐をよく水切りしておいて、最後に手で割って入れるレシピに改良しました。

けんちん汁は具をしっかり炒めるのだということは、辰巳芳子《たつみよしこ》さんのレシピ本を読んで、意識してそうするようになりました。大きめに切った大根、にんじん、ごぼう、こんにゃくと、順番に炒めていきます。母は必ず干し椎茸を入れていましたが、夫が椎茸が苦手なので入れられず、しめじや舞茸を入れています。昆布と干し椎茸を使うとぐっとうまみが深くなります。

父が亡くなったあとしばらくして、実家の戸棚の奥に転がっていたちろりを見つけました。もらっていい?と母に許可を得て私が譲り受け、今も家にあります。それほど日本酒は飲まないのですが、寒くなってけんちん汁を作ったときは、ちょっとお燗した日本酒が飲みたくなります。

ほの暗い夕餉《ゆうげ》の明かりの下、あたたまった日本酒の甘くやわらかい香りと、けんちん汁の湯気が混ざったあの食卓の感じ。私もおいしい顔をしているに違いありません。

◎日本酒に合うけんちん汁

作り方(4~5人分)

1 水800㎖に昆布10~15㎝を2時間ほど浸けて昆布だしをとっておく。豆腐½丁はよく水切りしておく。大根8㎝、にんじん½本、ごぼう½本は小さめの乱切り。こんにゃく小1枚(150g)と舞茸50gは手でちぎる。里芋5個は皮をむいて半分に切ってから下ゆでしてザルに上げ、水洗いしてぬめりをとる。

2 鍋にごま油大さじ1を入れ、大根、にんじん、ごぼう、舞茸、こんにゃくの順に加えてよく炒める。七分がた火が通ったら、昆布だしをひたひたに加えて煮込む。10分ぐらいたったら里芋、手でちぎった豆腐を加えて続けて煮込む。

3 野菜がやわらかく煮えたら残りのだしを加え、塩小さじ1としょうゆ少々で味をつけ、刻んだ長ねぎか青ねぎひとつかみを散らし、さっと煮てできあがり。

クラムチャウダーと
ビニールのテーブルクロス

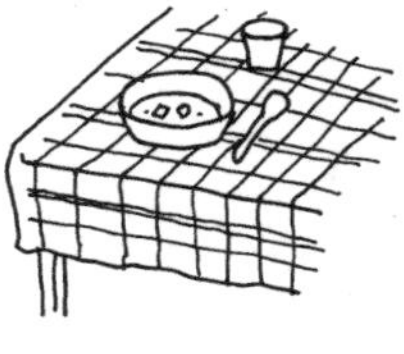

子どものころ、食卓のテーブルにはビニールのテーブルクロスがかかっていました。子どもは食べこぼすことが多いので、汚れ防止に母が使っていたのでしょう。レトロな柄のテーブルクロス、おひつとごはん茶碗と水の入ったコップ、父の晩酌の徳利《とっくり》と猪口《ちょこ》。昭和の夕餉の風景です。

今では考えられないかもしれませんが、当時は父親だけに一皿多く料理がついていたような時代でした。欠かさず晩酌をしていた父のために母が用意したのは、刺身や貝のあえ物、わさび漬けや佃煮のような、ちょっとした酒の肴。さほどうらやましいと思わないものもあれば、いいなあと思うものもあり、私たちが欲しがると、父は仕方ないなと言いながら一口ずつ食べさせてくれたものです。

父が好んだもののひとつに牡蠣がありました。今もそうですが牡蠣は高価だったので、献立が牡蠣フライの日、母は鶏肉を一緒に揚げ、子どもたちには鶏のフライを食べさせていました。とはいえ牡蠣は子ども心にはそれほど魅力ある食べ物ではありません。妖怪のような見た目や、噛むと中が緑色なのもなんだかグロテスクで、ちょっと怖くて。生牡蠣なんて論外です。

でも、じゃがいもやにんじん、たまねぎの入ったミルク味のやさしいスープで牡蠣を煮込んだクラムチャウダーは、おいしいなあと感じたものでした。今、多くの方がクラムチャウダーと聞いて思い浮かべるのはあさりのチャウダーではないかと思いますが、わが家でクラムチャウダーといえば、いつも牡蠣だったのです。

牡蠣のエキスの溶け込んだスープは味が濃く、海の香りがしました。にんじんやたまねぎが小さく刻まれて手間がかかっているように見え、具のごろごろした鶏のシチューより私はこっちのほうがずっと好きでした。

牡蠣は大きいのと小さいのが混ざっています。いちばん立派な牡蠣は、いつも父の器の中でした。母は常に、料理を盛りつけるときは父にいちばん大きなもの、きれいなものをよそい、次は子ども、自分のことは後回しでした。

私より少し上の世代の向田邦子《むこうだくにこ》さんの食のエッセイを読むと、やはり父親の食卓だけが特別だったという話が書いてあります。向田さんのお父様は怒りっぽくてその緊張感あふれた食卓が描かれていました。私の父はおだやかな性格だったので食卓は和やかでしたが、それでも私は、作っている母も父に遠慮などせず大きな牡蠣を食べたらいいのになあと思っていたのです。

今では、お父さんの前にだけお刺身がつくなどという家庭はかなり上の世代に限られているのではないでしょうか。でも私も母を見てきたせいか、自分が作る側になってみると、母がやっていたように自分をちょっと後回しにしてしまうことはよくありました。きれいに焼けた魚はどちらかを見比べて、夫や息子の前に置いてきたのです。

それは自己犠牲というわけではなく、なんというか、料理を作る人間として、おいしいものを食べてほしいという気持ちが自分の食べたいに勝る、そんなようなことです。「いいからあなたたちが食べなさい」と私たちの器に牡蠣をよそってくれた母の気持ちが、自分がそういう立場になって初めてわかるようになりました。食べてくれた人が満足気な顔をしたら、それが自分にとっての最大のごちそうなのです。

今日買った牡蠣も、大きいのと小さいのが混ざっていました。クラムチャウダーの鍋から、なるべく立派な牡蠣をおたまですくって、皿によそいます。わが家のテーブルにはビニールのテーブルクロスはかかっていないけれど、子ども時代の私が、席に座って母の手元を気にしていています。そんな昔の自分にうなずくように、私はスープの皿をテーブルに置きました。

◎牡蠣のシンプルクラムチャウダー

作り方（2人分）

1 牡蠣1パック分（120〜150gぐらい）は塩水で洗い、水をしっかりきる。長ねぎ½本はみじん切りにする。じゃがいも2個は皮をむいて半分に切り、薄切りにする。

2 鍋に長ねぎと水大さじ1を入れて加熱し、水分が蒸発したらバター20gを加えて炒める。水４００㎖とじゃがいもを入れ、沸騰したら中弱火でじゃがいもがやわらかくなるまで煮る。

3

牡蠣と塩小さじ½とこしょう少々を加えてさらに3分ほど煮る。牛乳１００㎖を加えてあたためる。器によそって刻んだ青ねぎを散らす。

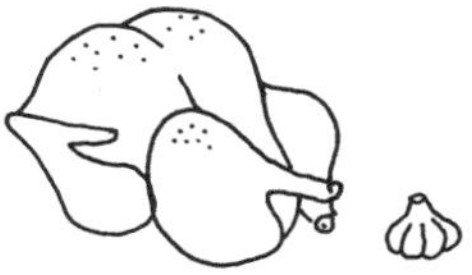

最後の食事と丸鶏スープ

ふだん料理をしている人で、鶏肉に触ったことがないという人はめったにいませんよね。でも丸ごとの鶏については、見たことはあっても自分で買ったことのある人は、ものすごく少ないんじゃないかと思います。

私もスープ作家になるまで、鶏一羽なんて自分で買ったことはありませんでした。料理上手な叔母が、クリスマスにローストチキンを焼いて上手に切り分けてくれた記憶はあります。実家で一度か二度ぐらい、面白がって丸鶏を買ってきたこともあったかもしれません。でも、鶏の構造もわからないから切り分けもうまくできず、食べにくいねえ、と不完全燃焼していたような気がします。

スープ作りをはじめてからも、丸鶏でスープを作る機会はなかなかありませんでした。朝のスープは野菜が中心でしたし、忙しい日に10分で作れるスープ、みたいな企画が多い私の仕事では、丸鶏一羽使ってスープをとりましょう、なんていうレシピの要請はめったにこないからです。だから私が鶏のスープを紹介するときは、手羽先・手羽元、あるいは鶏ガラや、ひき肉。こうした鶏で鶏のスープを作っていました。もちろんそれだってコンソメの素だけで作るよりはずっとおいしいのです。

とはいえ仕事をやるうえで少しずつ勉強しようと寸胴でコンソメを作ったり、尾頭つきの魚をたくさん買ってきてブイヤベースにしたり。その中で挑戦したのが、韓国の養生スープ「参鶏湯《サムゲタン》」です。丸鶏を買い、高麗人参、なつめやもち米などをそろえ、ネットの動画や家にあった本を見ながら四苦八苦してお腹に詰め物をし、タコ糸でお尻を縫い付け、脚を交差させて縛り上げました。

丸鶏にもち米となつめと栗を詰め、高麗人参やにんにく、しょうがなどと一緒に水からコトコト3時間。もち米のせいか少し白濁した、とろんとしたスープができあがりました。鶏のエキスが肉や骨から出きった参鶏湯のスープは、一口すすると目を丸くするほどおいしくて、これまで幾度となく肉や骨から鶏のスープをとってきた私も体験したことがない、体の中にすーっと染み込んでいくような味わいです。

すごくすごく当たり前のことですが、鶏には脚があり、胸があり、ぽっかり空いたお腹の中はもう抜かれたあとの状態とはいえ、内臓がそこにあったことを感じさせます。丸鶏を悪戦苦闘しながら料理していると、これを食べるというのは彼らの生命をもらうという意味なのだと、誰からでもない、今目の前にいる鶏から教わることになるのです。

家庭で肉のだし、いわゆるブイヨンをとるとなったとき、牛や豚も悪くはないのですが、やはりあっさりとして和洋中どんな料理にも合い、滋味深い鶏のスープは最上ではないかと思います。その中で、やはり丸鶏のスープは抜きん出ておいしく、一度でいいからチャレンジしてほしいスープのひとつなのです。

もし死ぬ前に何かひとつ、好きなものを注文できるとしたら、私は多分鶏のスープを頼むと思います。最後の食事だから贅沢をいえば、丸鶏のスープに塩をぱらりとふって、すっと一口飲みたいなと思うのです。命尽きる前になお何者かの命を奪う、本当に人の業は深いものですね。

レシピでは、初めて丸鶏にチャレンジする人のために、参鶏湯に似ていますが材料がもっとシンプルな、水炊きスープを紹介します。丸鶏は小さめのもの、１kg以下のものが扱いやすくおすすめです。

◎命をいただく、丸鶏の水炊きスープ

作り方（2〜3人分）

1 丸鶏1羽は、腹の内側をぬめりがなくなるまで洗う。ペーパーで水気を拭き、表面と内側に塩20ｇをすり込む。

2 もち米50ｇは水に30分浸けてザルに上げて水気をきり、鶏の腹に入れる。皮をむいたにんにく1片も入れ、竹串で縫い合わせるようにして腹を閉じる。両脚はばらけないよう、クロスさせてたこ糸で縛る。

3 鍋に鶏、にんにく1片、薄切りのしょうが20g、昆布15㎝、長ねぎの青い部分½本分を入れ、鶏が浸る程度の水を加えて中火にかける。沸騰したらアクをおたまで取り除き、水を足しながら2〜3時間煮込む。

4 長ねぎ、しょうが、にんにくを取り除き、白髪ねぎと塩を別皿で添えて完成。スープや肉にあしらって食べる。

台湾、スープ天国

数年前、息子が大学を卒業して就職で家を出ることになったとき、久しぶりに家族旅行をしようと台湾へ行きました。自転車好きな夫と息子は世界的に有名な自転車メーカーを見学したり、レンタル自転車でサイクリングしたり。その間に私は思う存分食べ歩き。台湾はスープの種類が多いと聞いていたので、ずっと訪れてみたいと思っていました。また、食事のスタイルも独特で面白い。そんな台湾のスープと食べ方のお話です。

台湾は外食文化。おうちの味が外で食べられる

台湾は外食文化が発達しています。高級レストランや日本でもおなじみのチェーン店などもありますが、地元の人が利用する安くておいしい店の料理は家庭的な味。野菜たっぷりで味つけも濃すぎない、食べ疲れない味の料理が多いです。現地に駐在していて案内し

てくれた会社員時代の同期が、一緒に働いている台湾人のほとんどは家で料理をせず外食している、と言っていました。

街中にもそういう雰囲気があるのですが、安くておいしい飲食店の様子は、ひと時代前の日本に近いかもしれません。おそらく昔からそこでやっているような家族経営で、店の全員がきびきび働いています。日本ではそういう店が、土地の高騰や代替わりで消えてしまいました。台湾にはいまだにそれがあるということなのでしょう。

夜はあちこちに屋台が並ぶ「夜市」が出現し、そこでもおいしいものがお腹いっぱい食べられます。モツを塩味で煮込んだ「下水湯《シャーシュイタン》」というすごい名前のスープを見つけて頼むと、大鍋から小さなポリ袋に入れ、無造作に口を結んで渡してくれました。えっ！とびっくりしましたが、ほかの店でもらったお皿と箸を使いまわして食べてみました。スープそのものはとてもやさしい味わいで、おいしくて、からだに染み入ります。

朝ごはんのスープ、鹹豆漿

私が出かける前に注目していたのは、鹹豆漿《シエンドウジャン》という豆乳スープです。台湾では朝ごはんに飲むと聞いていました。いざ台湾に行ってみると、町の中のいたるところに豆漿《ドウジャン》(豆漿＝豆乳)の店があり、朝早くから開いています。豆乳には甘いのもしょっぱいのもあり、甘いのが甜豆漿《ティエンドウジャン》、しょっぱいのが鹹豆漿と呼ばれます。「鹹《シエン》」は塩の意味です。

鹹豆漿はあたたかい豆乳に味をつけるためにたれを少し加えます。この中に酢が入っているのか、かき混ぜているうちに、豆乳がふるふると固まりはじめます。文字だけだと想像しづらいかもしれませんが、まろやかでありながらさっぱり食べられて、いかにも体によさそうな味がします。量もたっぷり、私なんかはどんぶりで出てくる鹹豆漿だけでも十分にお腹いっぱいになりました。台湾の人は油條《ヨウティアオ》と呼ばれる揚げパンや、パイや饅頭みたいな点心を食べながらこの豆乳を飲むのです。日本にはないスタイルです。台湾にいた1週間、毎朝違う店に出かけていろいろな鹹豆漿を味わってみたところ、それぞれ個性があり、どこもおいしかったです。

サンドイッチやカフェの、かわいい食文化

日本とちょっと似ているなあと思ったのは、台湾の人ってかわいいものに敏感だなとい

うこと。日本でも台湾からきたタピオカが大流行しました。それ以外にかき氷や湯圓《タンエン》と呼ばれる台湾スイーツも人気です。トッピングをチョイスできるし味もいろいろあって楽しく、見た目もかわいいんですよね。

カフェも多く、何軒か入りました。ちょっと一昔前の日本の喫茶店を思い出す感じです。パン文化が思いのほか発達していて、パン屋、サンドイッチ屋も多いです。日本以上にやわらかいパンが主流なので日本人には馴染みやすいと思います。ガッツリした食べ応えではなく、ソフトでふんわり。味の感性は似ているのですが、サイズはかなり大きめです。全体に量が多いのは台湾の特徴かも。

どこに行ってもスープがあった

私がスープを中心に食べ歩いていたということを差し引いても、日本と比べて台湾にはスープのおいしい店が多いのではないかと思います。小さな食堂から高級料理店までスープのメニューが豊富で、しかもどれを選んでもはずれがありません。

雲南料理の店で食べた、目の覚めるようなきれいな緑色の豆がぎっしり入ったスープ、しようがのしっかりきいたハマグリのシンプルなスープ、台湾中部の日月潭《リッワッタム》という観光地まで足をのばしたときに食べた、金針花《ジンゼンファー》という黄色の花入りの色鮮やかなスープ。基本的に台湾のスープは、あまり味つけに凝っておらず、だしか水で素材を煮て、塩で味をつけたようなスープです。だから素材の味が出ていて個性もある。私はスープを作るときにあまり濃いだしや何種類もの調味料は使わないことが多いのですが、そういうタイプのスープをめざしたいとはっきり思ったのは、台湾で食べた素材中心主義ともいえるスープがどれもおいしかったからです。

大衆的な店で食べたスープも素晴らしく、魚料理を出す店でサッと出てきた白身魚のお団子のスープはあまりにもおいしくて、台湾のスーパーで白身魚の団子の冷凍品を探して買って、泊まっていたホテルの小さなキッチンで似たようなスープを作ったぐらいです。

また、四神湯《スーセンタン》と呼ばれる薬膳スープの有名な店へも行きました。屋台と見紛《みまご》う小さな店で、自分で注文を伝票に書いて店の人に渡します。乾燥させた山芋やハトムギなど疲労回復や内臓によいとされる漢方食材が入った豚のモツのスープは、慣れない香りがするものの決して食べにくくはありません。ほんのり甘みのあるスープを求めて、店に次々と人が入ってくる人気ぶりです。半透明のボトルに入った液体がテーブルに置かれていて、みんなそれをスープにかけて食べているので真似してスープに少しかけたら、何やら薬っぽい味でした。あとで調べたら当帰《トウキ》という漢方薬をお酒に漬けたものだそうです。

印象的だったのは、台中の屋台で魯肉飯《ルーローハン》を食べたときに頼んだ白ゴーヤのスープでした。脂っこく強い味の魯肉飯にゴーヤのさっぱりしたスープがぴったりです。ふだん食べることのないようなこうしたスープと出会えたのは大きな収穫でした。

台湾のぶっとびスープ

さて、私が台湾へ行ってぜひ食べてみたいと思っていたのが、「仏跳牆」というスープです。「ぶっちょうしょう」と読みます。あわび、ふかひれ、干しなまこ、金華ハム、豚や鶏、なつめや椎茸など、高級食材をたっぷり壺に詰め込んで蒸したスープです。お坊さんですら飛び跳ねるほどおいしいスープというのが名前の由来だそうで、ガイドブックには「ぶっとびスープ」と書いてありました。

食材の数が多いため、5人前からなど量の多い店が多く、少人数でも食べられる店を探して家族で出かけました。陶器の壺に入ってうやうやしく運ばれてきた仏跳牆《ブッチョウショウ》をお店の人に取り分けてもらいます。初めて口にした仏跳牆の味はというと……実は、どこかで食べたことのあるような味でした。複数のうまみを集めてあるのですが、濃厚でおいしい、という以上の印象が薄いというか、むしろこれまでに食べた台湾の素朴なスープのほうが、私にとっては意外さや驚きが大きかったのです。やっぱり多人数で出かけて、もっと本格的なものを食べてみないといけないのかもしれません。

帰宅してさっそく、台湾で食べたあさりのスープを真似してみました。といっても、あさりをただ水と塩で煮出しただけのシンプルなスープです。いつもあさり汁を作るときには酒や昆布も入れてしまうのですが、余分なものは一切なしで、あさりのうまみたっぷりのスープがとれました。白髪ねぎとしょうがの千切りを添えて、旅の思い出とともに味わいました。

◎台湾の味、あさりのスープ

作り方（2〜3人分）

1 殻付きのあさり200gは砂出しをして水洗いする。鍋に水400㎖とあさりを入れて中火で煮る。あさりの口が全部開いたらスープの味をみて、塩小さじ1/3ほどで味を調整する。長ねぎとしょうがの千切りを添える。

◎台湾の朝をはじめる鹹豆漿《シェンドウジャン》

作り方（1人分）

1 スープの器に酢小さじ2、しょうゆ小さじ1を入れておく。

2 別の耐熱容器に豆乳200㎖と桜えび小さじ1、ザーサイ10gを細切りにして入れ、600Wの電子レンジで1分半〜2分ほどあたためる。

3 あたためた豆乳を**1**の器に注ぎ、スプーンで軽く混ぜ、固まりはじめたら刻んだ青ねぎをトッピングする。好みでラー油などの調味料、具材を追加して食べる。

4章 料理のピラティス

スポーツでは、目に見えるところの筋肉をつけるだけでなく、体の深いところにあるインナーマッスルをバランスよく鍛えることが、体を動かすうえで必要だと言われます。料理もこれと似ています。料理のレシピやコツを一生懸命覚えるだけでなく、料理に対する考え方をあわせて鍛えると、より料理のパフォーマンスが上がります。

この章では、よく聞く料理の悩みに私なりにお答えします。答えると同時に問いかけや提案もしていますので、一緒に考えたり、試してみたりしてください。「おいしさって何？」「なんのためにやるの？」「どうやって頭を切り替えよう？」レシピ本にはあまり書かれていないことばかりです。

日々のごはん作りでは、基本通りにやることばかりが成功につながるとは限りません。予想外の出来事や制限の多いキッチンに立ったとき、どんな状況にも対応できるしなやかさ、前に進む決断力が必要になります。

そのための、料理のピラティスです。限られた食材と時間の中でも、チャチャッとおいしい料理が作れるような料理上手になりたいですね。

Q.1 料理上手になるにはどうしたらいいですか？

キャベツの声を聞いてみよう

「どうやったら、スープだけでそんなにたくさんの組み合わせを思いつくんですか？」という質問をよく受けます。世界中のありとあらゆるレシピ本を読んだ……わけではありません。答えは、食材をひとつずつしっかりと味わって、その声を聞くことです。魔法使いみたいな話ですが、やることは簡単で、ひとつの食材をシンプルな調理と味つけで食べるだけ。

練習として、キャベツの声を聞いてみましょう。葉をちぎって盛って塩を添えると、「ちぎりキャベツ」という立派な料理として成立します。塩だけではもの足りないという人は、サラダ油でも、オリーブオイルやごま油でも、油を少しかけてみてください。居酒屋で出てくる一皿です。もっと何か入れたくなるのは我慢。

次はキャベツの千切りです。酢と油を1対3、塩少々を混ぜたド

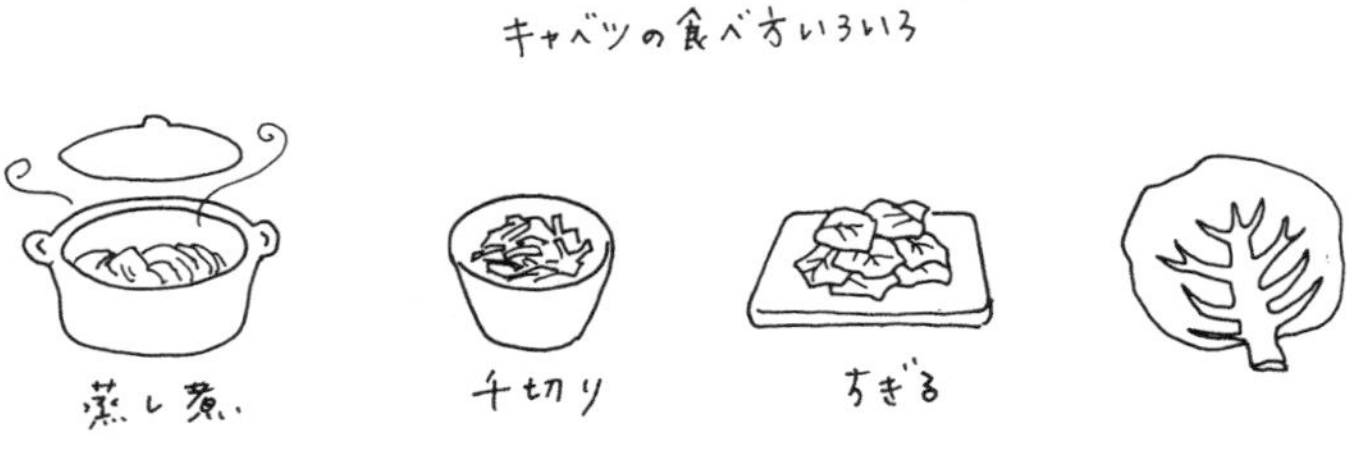

レッシングをかければ、コールスロー。それぞれ直にかけてもかまいません。市販のドレッシングより直球で、キャベツの味がよくわかります。

次は加熱です。火が通るとキャベツは甘く変化します。ざく切りにしたキャベツ1/4個分と水1/4カップを鍋に入れ、オリーブオイルをふってふたをして火にかけたら、ときどき中をのぞきながら7分前後じっくり蒸し煮します。これがキャベツのオイル蒸し。バターを落とし、しょうゆをかけたらごちそうです。

塩とオイルだけで食べていると、皿の上のキャベツからこんな声が聞こえてきます。

「にんにくを足したらおいしいんじゃない？」

「にんじんも入れてみたら？　色がきれいになるよ」

「かつおぶしが絶対合うよねー」

うれしいのは、この料理のトレーニングは、手をかけずおいしく食べる方法でもあるということです。あと一品というときに何も考

Q.1 料理上手になるにはどうしたらいいですか？

えずに作れます。

料理上手は聞き上手。あまり力まず、食材の声を聞くようなつもりでやるほうが結果的に料理はうまくなる。そんなふうに感じています。

まずは塩だけで食べてみる

「味つけが難しい」という声をよく聞きます。味つけが難しくなってしまうのは、一度にいろいろな調味料を組み合わせようとするからです。そんなときは、まず塩だけでどこまでいけるかを考えてみましょう。

焼き鳥は、もちろん塩だけでいけそう。豚や牛は、少しいい肉なら焼いて塩、おいしいですね。青じそやねぎのみじん切りなども添えたいです。魚は鮭やサンマの塩焼きなら和風、イワシにオリーブオイルと塩をふってグリルで焼いたらポルトガル風。塩をしたタイ

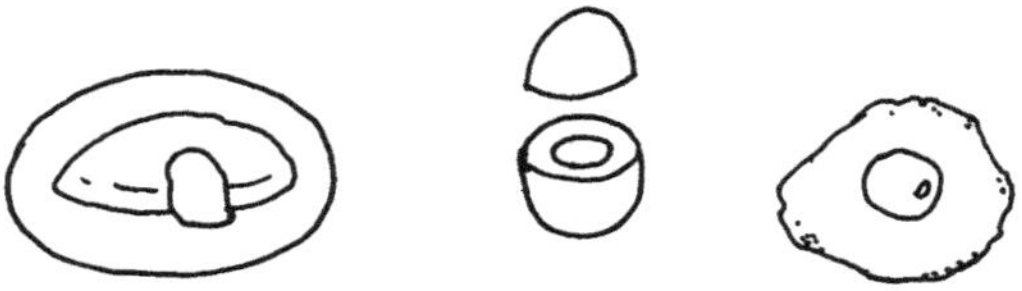

かメカジキの切り身をソテーして長ねぎの千切りをたっぷりのせ、熱々のごま油をかけたら中華風。ゆで卵、目玉焼き、オムレツ、スクランブルエッグなどなど、卵は塩だけで相当いけそうです。
塩だけの野菜料理は無限に作れます。青菜の塩炒めや、もやし炒め。かぼちゃの塩だけ煮。フライドポテトも塩です。れんこんを厚切りしてオイル焼きして塩をふるのは、わが家のお気に入りの食べ方。蒸したじゃがいもやさつまいも、とうもろこしに塩だけふったら立派な昼ごはん。トマトやきゅうりはよく冷やして塩をふって、丸ごとどうぞ。
スープも、塩だけのレシピが結構あります。かたまり肉のポトフも、調味料は塩。かぼちゃのポタージュやコーンポタージュも塩で成り立ちます。塩だけで料理をしていると、素材の味もよくわかります。
塩に飽きたら、次はしょうゆだけ、みそだけで食べられるものを探してみましょうか。焼いたり、ゆでたり、炒めた食材に、基本調味料をちょこっとかけるだけで結構おいしいとわかると、楽な気持ちで味つけと向き合えるようになります。

Q.1 料理上手になるにはどうしたらいいですか？

料理のどこが、苦手ですか？

「料理が苦手なんです」と言う人に、「何が苦手ですか？」と聞いてみると、人によっていろいろな「苦手」があるようです。買う、洗う、切る、加熱する、味つけする、盛りつける、テーブルセッティングする、給仕する、片づける、食材管理する……料理は実に多岐にわたる、複合的な作業だからです。

包丁が苦手で切るのが嫌な人。生焼けや、逆に焼き過ぎて焦がしてしまうなど火の扱いに弱い人。味つけを難しく感じている人。盛りつけがコンプレックスの人。皿洗いが面倒な人（私もです）。作業以前に、毎日の献立を考えるのが苦手という人も多いです。

こうしてみると、克服のためにやることはまったく違いそうです

ね。まずは料理の工程を細かく区切って、自分が料理の何が苦手なのかを知ることが先決です。苦手なところは家族に頼ったり便利な道具やサービスに任せる手もあります。

苦手意識には案外心理的なものが関わっていることも多いです。自信が持てないと、人から見たら上手でも、苦手と感じてしまいます。ちょっと自信過剰なくらいがちょうどいいのです。

料理は適切にやれば必ず上達し、家にいながら自分の手でおいしいものを食べられるようになる素晴らしい技術。クリエイティブな作業で楽しいものです。苦手だなと思いつつイヤイヤやるより、うまくなりたい！というわくわく感をもって向き合うと、同じ作業でも何倍も上達すると思います。

Q.2 外で食べる料理にはかないません。

言っちゃうと「うまみ・塩・油」なんですけどね

料理を一生懸命作っても、外で食べるごはんや、買ってきたものにはかなわない、家族になかなか喜んでもらえない、と言う人がいます。それ、料理の腕だけではないのです。

外ごはんと家のごはんとの大きな違いは、「うまみ、塩、油の量」。外のごはんはこの3つがかなり多めです。要するに、だしがきちんと使われていて、塩分が強くて、油っこい。どれかが突出している場合もあれば、カレーや背脂いっぱいのラーメンのように、すべてが段違いに多い場合もあります。

料理にこの3つを多めに入れると「強い」うまさが出ます。こうした要素をおいしく感じるのは、おそらく人間にとって命に直結するものだから、と以前聞いたことがあります。アミノ酸、塩分、油

脂（エネルギー）ですね。

外食やお惣菜は、やさしい味と感じる料理でも、案外油は多かったりします。フレンチのソースなんて、見たら卒倒するぐらいの量のバターが入りますし、パスタも家で作る倍ぐらいオイルが入っているはずです。どれも最初の一口で「うっま！」と感じさせる味にしているのです。また、最近は料理本やネット上のレシピが提案する料理にも、そういう側面が多分にあります。外食の味に慣れた人たちに受け入れられやすいレシピを考えたら、しっかりした味になっていくのは仕方がないことなんです。

でもね。本来、家のごはんは、外ごはんとは違うもの。日々作る人は、特にお子さんがいたりすると、健康や栄養のことも気になるのではないでしょうか。塩や油をもうちょっと入れたらおいしくなるけれど、体に悪そうだからこのへんで、と手を止める。そんな心づかいを知らない家族から「なんだかちょっと薄いね」なんて心無いことを言われることはままあるわけですが、そもそも純粋にグル

Q.2 外で食べる料理にはかないません。

メ的な「うまさ」を追求する料理とは目的がまったく違うのですから、的外れな指摘ですよね。

健康なんてどうでもいいんだ、好きなものを食べさせろと言う人もいるでしょう。ただ、家族の健康を思いやりつつごはんを作っている人が多いということは、もうちょっと理解されてもいいんじゃないかなとよく思います。子どもになんとか野菜を食べさせたいから献立に悩むわけで、何も考えていなかったら悩んだりしません。結果として子どもが食べてくれなかったとしても、その悩みや労力そのものはとても価値あることだと、自分自身をほめてほしい。

それに味覚って強さだけじゃなく、もっと細やかなものです。そういうおいしさを作り出そうとしている人は、家族とおいしさをうまく共有できなくて悩むこともあります。とらわれ過ぎはよくないけれど、共感しやすいおいしさばかりではないのも事実です。

「うまみ、塩、油」に過剰に頼り過ぎない、おいしくて体にもやさしい料理をめざしていくかどうかは、作る人にまかされています。

手作業はほどほどでも

手作り信仰というか、手間ひまかけたものがおいしいという漠然としたイメージがみんなの中に強くありますが、環境や条件によっては、常にそうとも限りません。たとえば、私はひとり分のみそ汁は、鍋でなくレンジで作るのをおすすめしています。みそ汁は作りたてがいちばんですし、レンジだったら無駄なく少量が作れるからです（作り方は１８３ページ）。このとき、冷凍ほうれん草やアスパラ、刻みオクラなどを使えば、さらに合理的。冷凍食品は進化がすばらしく、食感も昔に比べてよくなっています。

同様にレトルト食品や調味料、ミールキットも、待ったなしの家族の空腹を満たすにはありがたい存在です。手作りで一からパスタソースを作らなくても、レトルトのミートソースやカレーに、ざく切りのトマトやきのこ、炒めたたまねぎなどの野菜を足すことで、自分の味を出していくことは十分可能ですし、手を抜いたなんて家族は思わないはずです。

レトルトで適当に作ったスパゲッティを子どもたちが大喜びで食べるのを見てがっかりする人もいるかもしれませんが、家族の幸せという点では明らかに成功しています。これをどう受けとめるか、という話だと思います。

おいしさと手軽さのバランスが適切にとれているのであれば、それらを存分に活用することは、現代において賢い選択にも思えます。レトルトで手抜きをしちゃったと思うのではなく、レトルトだけど、ちょっと野菜を加えて手をかけた！　こんなふうに気持ちを前向きに変えていくことは、今日からできることです。

Q.2 外で食べる料理にはかないません。

こういう料理なら、すぐ勝てます

家庭でレストランのようなごはんをめざすことに私はそれほど積

極的ではないのですが、作ること自体を楽しむ料理は別です。ずっと家にいてあまり外食できないとき、たまには華やかなごはんが食べたいと思うものですよね。休日に腕まくりしてごちそうを作るというのは、工程も含めて楽しいイベントです。

せっかくやるなら成功させたいもの。こういうときにしたらいけないのは、ほとんど食べたことのない料理を作ることです。「プーパッポンカリー」や「パエリヤ」を、人生で何回ぐらい食べていますか。料理は正解がわからないと、うまくできたかどうかの答え合わせができないのです。もうひとつ避けたいのは、食材が楽にそろわない料理です。ラーメンスープに使う「とんこつ」はふつうのスーパーでは手に入らないし、手に入れても使いこなすことが難しい。

家で挑戦料理をするときは、よく知っている料理をちょっといい素材やレシピでグレードアップさせるようなやり方がおすすめです。「とろとろの親子丼」や「ジューシー唐揚げ」、「ふわふわホットケーキ」のような、おいしさまでリアルに思い浮かぶ料理がいいので

Q.2 外で食べる料理にはかないません。

す。今はネットで本当にたくさんのレシピ動画を見ることができます。「親子丼　とろとろ」のようにイメージワードも一緒に検索してみましょう。いくつか見ると簡単にコツがつかめます。面白いもので料理のイメージがしっかりできていると、手もスムーズに動きます。ぜひ試してみてください。

Q.3 毎日の献立が悩みの種です。

素材ファーストでいきましょう

「あるものでなんとか作れる」というのは、料理上手のひとつの目安です。実際のところメニューを決めてから買い物に出かけることは少なく、スーパーで売り場の棚の前を歩きながら、あるいは家の冷蔵庫をのぞいてから作るものを考えることのほうが多いのではないでしょうか。そのとき献立の柱となるのが「素材」です。なるべく力を入れ過ぎずにおいしいものを作りたいなら、「何を作るか」ではなく「何で作るか」から始めましょう。

肉、魚、野菜などの素材がおいしければ、切っただけ、焼いただけ、煮るだけでもおいしく食べられます。値段なりのおいしさは多少ありますが、高級な肉や魚でなければ、有機野菜でなければ、なんてことはありません。ごくふつうのスーパーで旬の新鮮な素材を買うことができればＯＫです。

特に野菜の「旬」は良品に当たる確率が高く、意識しておくと得します。なすやピーマン、きゅうりなどの果菜は夏野菜。大根、白菜、ほうれん草などは冬野菜。オフシーズンだと同じものを作ってもおいしくできません。旬の時季には旬のものを食べ倒すのが正解です。二日や三日続いたって大丈夫。おいしいだけでなく、経済的でもあります。

素材ファーストは、新鮮な素材に限った話ではありません。冷蔵庫にちょっと古くなった野菜があるときも、やっぱり素材を見てから作る料理を考えます。今日はサラダにしようと先に決めてしまって、1本残っていたしなびたきゅうりをサラダにするぐらいだったら、そのきゅうりを、ハム1、2枚と一緒に千切りにして、鶏ガラスープの素を使ったスープに入れたほうがずっとおいしく食べられます。ちょっとごま油なんかをたらすと最高です。

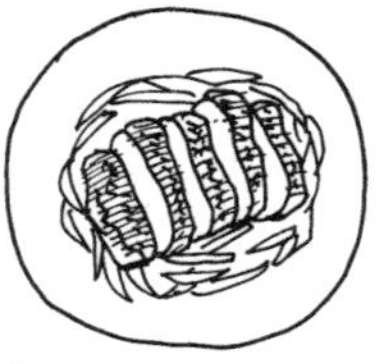
炒めたもやしを お肉のじきぶとんに
もやし炒めに
てりやきチキン

困ったときは、野菜のおふとん

焼いたり炒めたりするだけで食べられる、下味つきの肉や魚を買うことってありませんか？　あれ、味が決まっていて便利ですよね。でも、肉や魚だけお皿に盛りつけても見栄えがよくないし、ボリュームも出ない。これにあと何を作ろうかと迷うことも多いのではないでしょうか。

そんなときは、野菜のおふとんが簡単です。たとえば、もやしをフライパンで炒めてパッパと塩を薄くふります。空いたフライパンで、下味つきの肉か魚を焼いて、もやしのおふとんにのせると、ただ肉だけを皿に置くよりずっと見栄えもよく栄養もあり、おいしく食べられます。野菜はキャベツでも、青菜でも、なすやたまねぎの薄切りでも、ピーマンの千切りでもいいです。あまりたくさんの野菜を使うとそれはそれで大変なので、1種類か2種類と決めてしまうのがいいと思います。

炒めるだけでなく、ブロッコリーやにんじんなどの野菜をゆでたりレンジにかけたりしてもいいし、レタスの千切り、水菜のざく切りなど生野菜のおふとんもさわやかです。3つぐらい、これという組み合わせを考えておくのがおすすめです。

かけぶとんはいろどり鮮やか

今紹介したのは野菜のしきぶとん。それに対して肉や魚の上からのせるのが、野菜のかけぶとんです。こっちも同じようにできますが、かけぶとんにするのは、いろどりや香りのあるもので、それほどボリュームがないものが向いています。薬味としての野菜の使い方です。香味野菜、ねぎやみょうが、あるいはパクチーなどを刻んでのせるのは、みんなよくやっていますね。

お惣菜を利用します。買ってきた鶏の照り焼きをお皿に並べて、トマト½個ぐらいを小さな角切りにしたものをのせると、トマトの酸

味でさっぱり食べられます。同じ照り焼きに、生の豆苗をひとつかみのせると違う味に。大根おろしを軽く絞って。オクラ３〜４本を刻んで。水にさらしたたまねぎスライスをぎゅっと絞って。いずれも下味程度に塩をふるか、しょうゆやオイルをからめるなどして、味をほんのちょっとだけつけておきます。味つけ肉だけじゃなく、フライや唐揚げにやってもいい方法です。

野菜もたくさん食べられて見た目も美しく、ボリューム感が出ます。お惣菜は味がしっかりついていることが多いので、野菜は薄味で。味が足りなければ、食卓で塩かしょうゆ、ポン酢なんかで補えば十分です。

お惣菜だけでなく、自分で焼いた肉や魚にも使えるワザです。いい組み合わせが作れたら、忘れないようふせんに書いて冷蔵庫の扉に貼っておきます。

野菜は大きくはじめて小さく終わる

Q.3 毎日の献立が悩みの種です。

毎日料理をする人で、冷蔵庫の在庫に頭を悩ませない人はいません。かといって、残さないようにと買い物する量を減らしていくばかりだと、作れる料理のレパートリーも減ってしまいます。栄養的にも献立的にも、残さないように買うより買った量をおいしく食べるほうが食は豊かになります。

余さずに食材を使い切るポイントは、「最初は大きくシンプルに、最後は小さく複雑に」ということです。大根だったら、最初は真ん中の太いところを大きく切ってふろふき大根やおでんにしたり、スペアリブと一緒に水から煮込んだりしてスープにします。煮ることにこだわらなくても、大根を主役にするような料理であればＯＫです。皮ごと薄くスライスしてみそをつけて生食するのも、味がストレートに出る大根おろしも新鮮なうちに。

少し鮮度が落ちてきたら、ほかの食材と組み合わせて、味つけもちょっと強くして、大根の存在感を小さくしていきます。使い切り

後半戦では、味の出るうまみ食材が武器になります。たとえば油揚げやさつま揚げ、桜えび、ザーサイ、キムチ。調味料ではめんつゆや白だし、ケチャップ、ソース、マヨネーズなども出番です。めんつゆを薄めただしで、１cm幅の半月切りにした大根をさつま揚げと一緒に煮たり、千切りにした大根をツナと刻んだザーサイと一緒にマヨネーズであえたり、ちょっとした副菜が作れます。

さらに終盤では、汁の具で食べ切ります。ほかの具と合わせて鮮度の低さをカバーするのです。といっても合わないものは無理に入れない。やさしい味のクリームスープやトマト味のミネストローネに大根を入れると苦みが出てしまいます。

残り物を片づけたい気持ちはわかるのですが、片づけたいということは、その食材をもう味わいたいと思っていないんですよね。すると「どうせおいらは半端ものさ」とでもいうような、すねた味になってしまいます。

もったいない精神で食品ロスや環境問題に取り組むことは大事で

Q.3 毎日の献立が悩みの種です。

す。ただ、少し広い目を持てるといいなと思います。消費期限切れ直前の食品や見切り品を買うこと、地元の食品を使うこと、SDGs《エスディージーズ》(持続可能な開発目標)に取り組む企業の食品を買って応援することと、たくさん作ってご近所さんと分けあうみたいなことのほうが食品ロス防止には効果的です。そのあたりはなかなか進みませんね。難しいものです。

Q.4 味つけのコツってありますか？

味つけ上手は、たぶんこうしてる

私たちが家で作れるような味のベースは、実はそれほど種類は多くないんです。レシピを見ないで料理の味つけができる人は、調味料のひとつひとつの配合を覚えるのではなく、味の骨組みをとらえています。例として「あまじょっぱい味」で考えてみます。

〔しょうゆ＋砂糖↓あまじょっぱい味（甘辛味）〕

豚肉の薄切りか細切れを200gほど油で炒め、しょうゆと砂糖を1対1（大さじ1ずつ）で混ぜてかけてみましょう。甘辛い味つけの焼肉ができます。これにおろししょうが小さじ1を足せば、豚のしょうが焼きです。しょうが焼きでは、しょうゆと砂糖に酒（またはみりん）を加えて、1対1対1にしたレシピもよく見かけます。

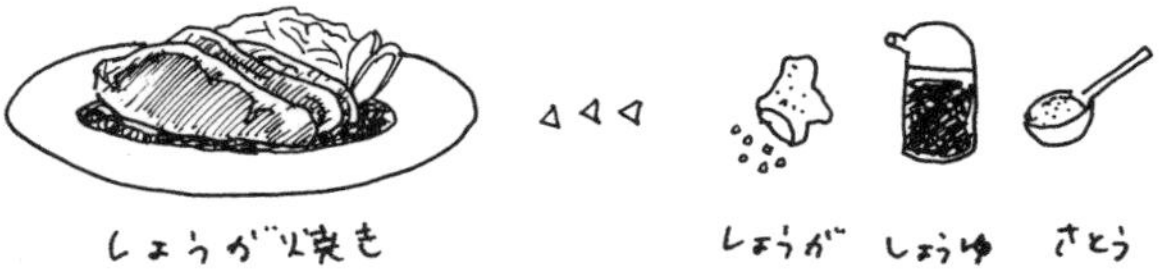

酒やみりんのうまみや水分が加わった、バランスのよい配合です。肉だけじゃなく、ブリや鮭の切り身でやれば魚の照り焼き。焼いた厚揚げやこんにゃく、炒めた椎茸やピーマンにかけてもおいしい味つけです。甘さひかえめが好きなら砂糖を減らせばＯＫ。

甘じょっぱい味はしょうゆをみそや塩に置き換えても成り立ちます。炒めた肉に、みそと砂糖大さじ１ずつとおろししょうが小さじ１をからめたら、ごはんの進むみそ味のしょうが焼き。塩小さじ½と砂糖大さじ½、しょうがの代わりににんにくのすりおろしを使うとエスニックな雰囲気になって、鶏肉なんかに合います（みそや塩は水分が少ないので、少量の水か酒でのばすと扱いやすいです）。

大事なことは、ここに書いた味の骨組みは、全部「あまじょっぱい味」、つまり甘味と塩味のかけ合わせだということです。こんなふうに味つけの骨組みがわかると、砂糖の甘さをはちみつにしよう、たまねぎのすりおろしを加えて甘味と風味を足してみよう、めんつゆ使っちゃおうなど、置き換えやアレンジが楽しくできるようになります。

オイルが料理の国籍を決める

一発でがらりと料理の雰囲気を変えるものがあります。それが、オイルです。通常は、サラダ油、ごま油、オリーブオイル、バター、このぐらいあれば十分ではないでしょうか。オイルは料理のベースになるもの。加熱するスタート時点で使うときは、オリーブオイルやバターなら洋風に、ごま油なら和風か中華風にと、ここで料理の方向性が定まります。

たとえば、ざく切りのトマト2個とにんにく1片を、オリーブオイルで炒めます。トマトのまわりがちょっと崩れるぐらいまで炒めて塩小さじ⅓ぐらいで味つけをすると、シンプルなトマトソースみたいになります。方向性としてはイタリアンです。これでパスタをあえたり、肉のつけ合わせにしたり。バジルやパセリ、チーズなど

Q.4 味つけのコツってありますか？

とも相性がよいです。

同じトマトとにんにくを、ごま油に変えて炒めてみると、今度は中華風になります。卵でとじれば中華の定番おそうざいである、トマトと卵の炒め物。同じ組み合わせなのに、炒めるオイルを変えただけで料理の国籍が変わったのです。

料理の方向性が決まると、そこに合わせる食材や調味料も自然に変化していきます。オリーブオイルなら塩がいいかな、ごま油のときはちょっと片栗粉でとろみをつけてもいいな。オイルの香りに導かれ、味つけや合わせる食材が決まっていきます。

逆に、個性を出さずに素材そのものの風味を楽しみたいときは、クセのないサラダ油がいいのです。私はスープを作りはじめた時点でまだ味つけが決まっていないようなことがよくあって、そのときはサラダ油か、油なしでスタートします。

料理がいつもマンネリになってしまう、という人は、油の選択をしてみるとよいかもしれません。ちなみに油の量をいつもと変えるだけでもガラッと味が変わるものです。ただし、使い過ぎると外食のような油っこさに近づいていきます。今日はがっつり食べたい！という日にピンポイントで使いましょう。

食卓で、好みの味に微調整

夫婦や親子で、おいしいと思う味つけが違う場合があります。舌に正しいも正しくないもなく、単に好みの差なのですが、家庭内では思いのほか険悪な空気になることも。特に塩味は人によってかなり差があり、外食の多い人は濃い味を好む傾向がありますし、肉体労働する人も塩分を欲します。体の大きさや体質によっても変わります。そうとはわかっていても、おいしくできた！と思った料理に、いきなりしょうゆをかけられるのは、あまり気持ちのよいものではありません。

そんなときにおすすめなのは、食卓で自分たちそれぞれが味をつ

Q.4 味つけのコツってありますか？

ける「卓上調味」です。調理のときは7割ぐらいまで味をつけておき、あとはテーブルでお好きにどうぞ、というスタイルです。

ただゆでたり焼いたり、切って並べたりするだけでいい。下味だけでも、味つけゼロの料理を出してもいいと思います。鍋料理では自分たちでそれぞれ味をつけたり、サラダにめいめいがドレッシングをかけたりするのと同じ感覚です。薄く塩こしょうをふってフライパンでソテーした鮭の切り身を、子どもはマヨネーズで、お父さんはしょうゆとおろししょうがで、お母さんはポン酢で食べる。こんな日があってもいいですよね。しょうゆや塩や酢のほかにも、からし、かつおぶし、おろししょうがやごま油など、料理に合いそうなものを出しておくと楽しく味を足せます。

特に疲れているときは、舌も鈍感になって味つけも失敗しやすいように思います。みんなで同じものを食べることも大事ですが、家族の間で味の好みに差があるときにはこんな方法も試してみてはどうでしょう。

5章 私が好きな道具とうつわ

ジップロックと野田琺瑯

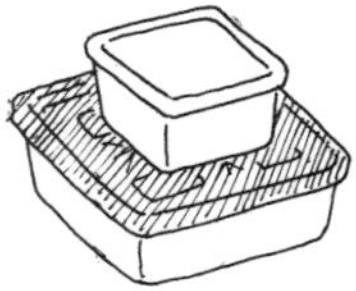

私はある時から、家の保存容器をすべて「ジップロック」と「野田琺瑯《ほうろう》」に替えました。〝メーカー指定〟です。それまでのうちのキッチンにはものすごくいろいろな種類のプラ容器が戸棚にしまわれていたんですね。大きいの小さいの、長いの四角いの丸いの、レンジOKのものダメなもの、密閉できるものできないもの……こういう容器って、無限に増えます。戸棚を開けるたびに、ふたがない！身がない！とひっかきまわすことに。

実は、私の母が同じタイプでした。小学生だった息子を連れて実家に行くと、「ふたと中身、合うのが見つからないのよ」と泣きついてきます。実家のキッチンの大きな引き出しを開けると、色とりどりの保存容器が。お裾分けの料理が入っていた百円ショップの容器やお土産の明太子のプラスチックの空き容器まで、「これ使えるかも」と後生大事にとってあり、カオスです。

パズル好きな息子に「これ全部、そろえてくれない？」と頼むと楽しそうに組み合わせてくれていましたが、それはそれ。いつか私も母みたいになるぞと思い、保存容器を統一することにしました。全部同じにすれば、組み合わせを探さなくて済みますよね。

すでに愛用していていくつか持っていた、ジップロックの容器と野田琺瑯に絞ることにしました。このふたつ、商品としては正反対のイメージがあります。でも組み合わせるとそれぞれに利点があり、両方持つことでマイナス面も補完され、キッチンがうまく回せるからです。


ジップロックは、正方形の「コンテナー」と、丸型で密閉できる「スクリューロック」をそれぞれ容量違いで2サイズ持っています。容量が違ってもふたが同じなのがありがたいです。強みはなんといっても冷蔵庫の棚に積んで置けること、空にすると重ねられてかさばらないこと、レンジに対応していること（ふたもレンジにかけられます）。スープの撮影で大量に試作をしたときは、これに入れて持って帰ってもらったりすることもあります。器ごと差し上げても相手の負担にならない気軽さがよいのです。

ジップロックコンテナーは調理中のトレイとしても優秀で、少量の刻んだ野菜をちょっと入れておいたり、そのままレンジで下ごしらえするのにとても便利。しかも目盛りがついているので水の計量もできます。ひとり分のレンジスープやレンジみそ汁はこれで作るとよいと思います。軽いぶん、調理時間も短くなるんです。

一方、野田琺瑯のほとんどは食品が入って冷蔵庫にしまわれています。小さな四角いサイズをいくつか持っていて、たとえば福神漬けやらっきょう、梅干しなど、冷蔵庫に少し長めに入れておくようなものの保存に使っています。ほうろう容器のよいところは、なんといってもその美しさ。ふたをとればそのまま食卓に出せます。また、ほうろうの性質上、漬物やカレーなどの食品のにおいも移りませんし、酢を入れても大丈夫。

野田琺瑯は、ちょっとだけ残った煮物やシチューなどを入れるのに使います。コンロに直接かけられるので、小さな鍋として使えるってわけです。ふたはほうろうとシールぶたがあり、私は中身が見えるシールぶたを使っています。

もう、キッチンでふたと中身をガサゴソ探すことはなくなりました。保存容器は好みもあるでしょうから、このふたつが絶対ということではないのですが、それぞれの家庭で必要な機能を考えて選ぶと、料理の段取りもぐっとよくなっていくのを実感します。

◎ジップロックでひとり分みそ汁

作り方（1人分）

1 ジップロックスクリューロック（473㎖のもの）の200㎖の目盛りまで水を入れ、冷凍ほうれん草20gと切った油揚げ1/3枚を入れる。顆粒だし小さじ1/4（2g）も加える。

2 ふたを少しずらしてのせ、600Wのレンジで3分、しっかりあたたまるまで加熱する。みそ大さじ1を加えて溶く。お椀に盛って刻みねぎを散らす。

フライパンと私

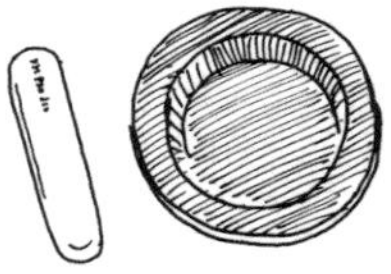

　フライパンは、鉄かテフロンか。これは、大福はつぶあんかこしあんか、おでんは卵か大根か、という終わりなき論争に近いものがあるように思います。どちらにもいいところがあり、悪いところもある。みなさんは、鉄とテフロン、どちらがお好みですか。
　私が料理の仕事をする前に使っていたのは、鉄の20㎝の小さなフライパンと、26㎝のテフロンのフライパンのふたつでした。小さなフライパンは目玉焼きや、子どものお弁当作りなどで少量の炒め物をするとき。家族分の炒め物や焼きそば、スパゲッティなどを作るときは大きなフライパンです。
　ご存じの通り、テフロンのフライパンは使ううちにコーティングがダメになって、焦げつくようになってしまいます。ギリギリまで使って新しいものを買う。心は痛むのですが、焦げつかずサッと汚れが落ちるテフロンの魅力を知ると、やはり手放せません。
　スープ作家になって、深型のフライパンと出会いました。通常のフライパンよりふちが高くなっていて、炒め鍋と呼ばれることもあるようです。水もかなりの量が入るため、具材を炒めて、そこに水を直接加えると、2～3人分ぐらいのスープやカレーは軽くできてしまいます。中華鍋とフライパンと鍋のすべての機能をカバーするようなもので、少人数のスープ作りにもとても便利。この鍋を使うことを前提にレシピを作るようになりました。

サイズは24㎝のものを使っています。2人分のスープやシチューにちょうどいいサイズです。撮影などで本当によく使うので2個持ち。そのうちにスープジャーのひとり分スープを作るときに使う小さめのサイズもさらに2個増えました。なんだか家がフライパンだらけになってきて……。

もうこれ以上フライパンはいらないかな、と思っているところにやってきたのが、ちょっと変わった鉄のフライパンです。取っ手が取りはずしでき、パン部分がリムのついたスープ皿みたいな形をしています。炒め物をしたまま食卓に持ってきて、テーブルの上で取っ手をサッとはずすと黒いお皿に料理がのっているように見えます。取っ手が「1」、そして円形のフライパンが「0」。並べた形を数字に見立てた、「10（ジュウ）」という名前もかわいいです。

ＩＨにも使えます。わが家はテーブルの中央にＩＨコンロがついているので、食事どきはこのジュウを使って、テーブルの上でいろいろなものを焼いています。といっても、ピーマン、なす、薄切りのかぼちゃ、椎茸、厚揚げ、ソーセージなど、そのときあるものをひとつかふたつ。ただ焼いて、食卓でしょうゆやオイル、塩をふって食べるようになったら、複雑な料理をあまりしなくなりました。十分にそれでおいしく、しかも楽なのだから最高です。

でも、私がジュウで「焼く生活」をはじめてよかったと感じているのは、楽だということでも、おいしいということでもないのです。

夕食時、テーブルでフライパンを囲んで食材が焼けるのを、ビールなんか飲みながらおしゃべりしてゆっくりと待っているうちに、食材の焼けるいい香りがしてきます。そろそろかな、と思ってひっくり返すと、ものすごくいい具合に焦げ目がついている。それを見た瞬間、テーブルを囲むみんなの顔がぱっと明るくなる。それだけで幸せな気持ちになります。火を囲んで誰かと一緒に食べるものを焼く、という行為は、とても心満たされるものだなと感じます。

鉄にもテフロンにも、あまりこだわりはありません。それよりも、作ることと食べることを人と共有できるフライパンが私の後半の人生に伴走してくれるということを、とても心強いことだと思っています。

◎フライパンでじっくり焼くししとうとピーマン

作り方（2人分）

1 ピーマン3個は半分に切る（種はそのまま）。ししとう8～10本は軽く包丁を入れて穴をあけておく。

2 フライパンにサラダ油小さじ1をひき、ピーマンとししとうを並べて中弱火で焼く。ピーマンは皮のほうから焼き、焼き目がついてから返す。ししとうは転がしながらまんべんなく焼く。どちらも焼き目がついてしんなりしたら、焼きあがり。塩をふったり、しょうゆをかけて食べる。

たとえ50個の鍋があっても

今、50個ぐらい鍋があるんですよ、うちに。

鍋コレクターになるつもりはないんです。スープ作家になるまでは、ゆきひら鍋と無水鍋、中華鍋など数えるほどの鍋で十分にやっていました。でも、料理を仕事にしてスープのレシピを作るようになったら、おすすめの鍋についてものすごく聞かれるのです。使わないのに適当なことも言いにくいなと思って、あれこれ買っては試すようになりました。ル・クルーゼ、ストウブ、バーミキュラ。フィスラーにビタクラフト、ティファール、無水鍋。ホットクックやシャトルシェフ、大同電鍋《だいどうでんなべ》、レコルトに、スープジャーに、メスティン。寸胴《ずんどう》鍋もサイズ違いであります。ベストな鍋を探そうとどんどん鍋を買っていったら、棚からあふれてしまいました。災害時にはこの鍋たちを総動員すれば、数十リットルは水を溜めておけます。

「どんな鍋がいいですか？」これは本当に答えにくい質問です。私がいちばん好きな鍋は、ル・クルーゼのココット・ロンド。撮影にもよく使うので、20㎝のものだけでも3つ持っています。ル・クルーゼは素材のジャンルとしては「鋳鉄にほうろうびきした鍋」で、ストウブやバーミキュラなどと同じ仲間なんですね。なので、ちょっと鍋に詳しい人には「ストウブと比べてル・クルーゼがいいんですか？」と突っ込まれたりします。

使ってみて、機能的なことだけを見ると、ストウブやバーミキュラのほうが密閉性や蒸気の回収率が高く、性能がいいように思います。でも私はなぜか、ル・クルーゼが好きなのです。鍋底から立ち上がるやわらかなカーブに私の使うヘラが沿う感じや、丸っこい素朴な持ち手、心の明るくなるカラフルさ、そういうすべてが自分にしっくりくるのであって、スペックはあまり関係ありません。人との相性みたいなもので、学歴が高いからその人を好きになるわけじゃないのと同じです。最初にル・クルーゼで肉じゃがを作ったときにふっくらと味が染みて驚いた思い出も、ちょっと加算されているかもしれません。

それに、ル・クルーゼは万人におすすめできる鍋かというと、そうでもないのです。力のない人には重すぎますし、お手入れも案外手がかかる。火にかけっぱなしにしたりするとすぐ割れてダメになるし、もちろん落とすのもNG。案外デリケートです。洗うところまで考えた日常の鍋としては、ステンレスやアルミ、たとえば軽めのゆきひらみたいな鍋が使いやすい気がします。やっぱり道具は人との相性によるのです。

とはいっても、売り場に行ってノーヒントでは選びにくいですよね。最初に見るべきところは、サイズです。鍋に限っては、大は小を兼ねません。料理の内容や量、具の大きさに合わせてサイズを選ぶと気持ちよく料理できます。

これから鍋を買う初心者の方なら、まずはみそ汁や少量のスープを作るための小鍋（16㎝）、次に深型でちょっとした煮込みもできるテフロンのフライパン（24㎝）、そしてやや大きめの厚手の煮込み鍋（20㎝）。この3つを起点に必要な鍋を増やしていくとよさそうです。そうそう、鍋を買おうと思っている人は、必ず売り場で実物を見てから買いましょう。道具は体との相性なので、持ち手をしっかり持って重さも確認して。

でも結局、鍋については、50個比べてもベストな鍋が見つかるわけではなく、作るシーンや料理を無視しては選べないもの。鍋も一長一短、絶対これ！という鍋はないということです。

500gのかたまり肉でポトフを作るときは、20㎝のル・クルーゼが出番です。

◎ほうろう鍋で作る、塩豚ポトフ

作り方（作りやすい量）

1 豚肩ロースかたまり肉500gに塩大さじ1とこしょう小さじ½をすり込んでキッチンペーパーに包み、ポリ袋などに入れて1〜2日置く。

2 肉を取り出してペーパーをはがし、水でさっと塩を洗い流して20㎝径の鍋に入れる。肉の肩がかぶるぐらいの水（約1000㎖）を加えて中火にかけ、アクが出てきたらすくい、あれば長ねぎの青いところやにんにくなどの香味野菜適量を加え、弱火にして30分ほどコトコト煮込む。

3 皮をむいたじゃがいも3個を加えて（じゃがいもが大きいときは半分に切る）、そのままやわらかくなるまで煮込む。串がスッと通ったら味をみて、塩でととのえる。

＊どんな鍋でも作れます。

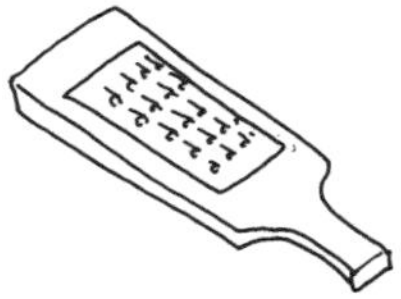

にんじんしりしり器は、なぜ人にすすめたくなる道具なのか

「にんじんしりしり」という沖縄の郷土料理があります。千切りのにんじんを卵などと一緒に油炒めにした料理です。このにんじんしりしりを作るときに使う千切り器が、しりしり器です。数年前に買って以来愛用しており、そのよさをぜひ多くの人に知ってほしいと思ってあちこちで紹介しています。

しりしり器は要するに千切り用スライサーなのですが、そのいちばんユニークな特徴は、「よく切れない」ということなのです。しりしり器でおろしたにんじんは、よく切れるスライサーと比べると、切り口がギザギザしていて形も不ぞろいです。ふつうなら、切れないということはマイナスになりますよね。でもこのしりしり器の場合はそうではないのです。切り口のギザギザしたところは油や味の染み込みがよく、油炒めやサラダがとてもおいしくできるんです。

ちょっと、しりしりを作ってみましょうか。にんじんを2本おろすと、小さなボウルに山盛りのにんじんの千切りができます。そのにんじんを少し多めのサラダ油でよく炒めます。塩はいりません。ひたすらにんじんだけを炒めていると、途中で急ににんじんの香りが甘く変化します。そうしたら火からおろして大きめのお皿に広げて冷まします。このシンプルなにんじんのしりしりは、そのまま肉や野菜の付け合わせにしてもにんじんの甘さが引き出されて、とってもおいしいのです。また、スープにも炒め物にもサラダにもオムレツにも使えて本当に便利な常備菜。

といってもそれほど持ちがいいわけではないので、しりしりを冷蔵庫にしまうときは梅干しを半分に割ったものを防腐剤代わりに保存容器に入れておきます。また、たっぷり作って半分はポリ袋に平たく入れて冷凍し、好きなときにパキッと折って使えるようにしておくととても便利で、いつのまにか無くなっています。

このしりしり器、なぜか人にすすめたくなる道具なんです。1500円という、鍋や包丁ほどの値段ではないこともあります(私が持っているものに限っては)。木の枠のレトロで味のあるデザインだからかもしれません。包丁で切るより人間らしい味わいになるところも好きです。

でも、すすめたくなるいちばんの原因は「しりしり器」という、口にするとどことなく快感のあるネーミングではないでしょうか。沖縄では千切りのことを「しりしり」と言うらしいのですが、それはこのしりしり器で野菜をおろすと、しりしり、しりしり、と音がするからという話もあります。いずれにしても耳に心地よく、つい口に出して言いたくなるんですよね。私が何かにつけ、にんじんしりしり器っていう道具があってね……と人にしりしり器をすすめているのは、そんな他愛ない理由からなのです。

しりしり器を使ってにんじんをおろしていると、人が愛するものって、機能や性能だけじゃないよなあと思います。しりしり。

◎シンプルで万能なにんじんのしりしり

作り方（作りやすい量）

1 にんじん2本（400g）をしりしり器で千切りにする（皮はむいてもむかなくてもよい）。

2 フライパンにサラダ油大さじ1を熱し、にんじんを炒める。油を吸うので、途中で油が足りなくなるようなら少し足しながら、ゆっくり炒める。

3 にんじんがしんなりして甘い香りがしてきたら、火を止める。そのまま肉や魚料理のつけ合わせにしてもよいし、さまざまな料理に使える。

＊もちろん、ふつうのスライサーや包丁で千切りにしても作れます。

大同電鍋と明るいキッチン

台湾に旅行したときに店先で見かけ、欲しい！と思いつつもサイズが大き過ぎ、あきらめて帰ったのが大同電鍋《だいどうでんなべ》です。ずっと心の中にあったこの鍋を、今年とうとう通販で買ってしまいました。研究のため、なんて言い訳を自分にしていますが、家での食事の回数が増えたことから、何か楽しいキッチン道具が欲しくなったせいかもしれません。

電鍋は台湾で60年のロングセラーを誇る製品で、知るほどに使うほどに面白い鍋なのです。台湾では一家に1.7台あると言われ、これがあるせいで電子レンジが普及しないという説もあります。

電鍋にはスイッチがひとつしかありません。タイマーもなければ温度調節のダイヤルもない。もちろん私たちが日本の炊飯器や電気鍋でよく見かけるような、メニューを選ぶパネルもありません。

だから使い方は本当に簡単。コンセントをつないで、外鍋にカップ1杯ほどの水を入れます。そこに具材やだしなどの入った内鍋をセット。最後にふたをしてスイッチオン。たったこれだけ！　外鍋に入れた水が沸騰して蒸気になり、その熱で具材が煮えたり、ごはんが炊けたりします。外鍋の水がすべて蒸発すると、スイッチが上がって電気が切れます。水の量を加減することによって時間が変わるというプリミティブな仕組みです。

大同電鍋はもともと炊飯器として生まれたのですが、台湾の人たちはこの大同電鍋を炊飯だけではなく、スープや煮物、料理のあたためなど、さまざまな料理に使うようになりました。家庭ではこの電鍋にさまざまな食品を入れて調理したりあたためたりして、自由に使いこなしているとのことですし、飲食店の店頭にも無造作に置いてあり、蒸し卵や点心などが入っています。

また、内鍋を使わずに網やザルをのせ、いろいろな野菜やパン、プリンなどを入れて、蒸し器としても使えます。あたためるのはお手のもの。肉まん、冷凍ごはん、しゅうまいなど、すぐにカピカピになってしまうレンジと違って、しっとりおいしく仕上がります。

もちろんスープも作れます。電鍋スープの特徴は、汁が濁らず、味がやわらかいというか、やさしいこと。直《じか》に鍋に熱が入らないので鍋の中の温度が高くなり過ぎず、対流が大きく起こらないため、具材同士がぶつからないからではないかと思います。全体に丸みのある味になります。

台湾の人はこの電鍋の中で、2段、3段と食材を重ねて使っているとネットの記事で読みました。面白い！と、私もこのアクロバティックな電鍋使いをやってみました。

下の段の内鍋には野菜スープの材料を入れて、その内鍋にふた代わりの網をのせ、塩とこしょうをふった鶏のもも肉を置きます。鶏の周囲にブロッコリーやにんじんなど、野菜をぐるりと置いて、さあ、スイッチオン！ ちょっと下ごしらえさえしておけば、肉、野菜、スープの夕ごはんが一気に完成。蒸した鶏の汁がスープに落ちて、うまみも濃くなります。

ネットで電鍋を使っている人たちの使い方を見ていると、組み合わせをあれこれ編み出して楽しんでいる様子。より楽をするためにやっているのですが、その工夫そのものが料理の楽しさにつながっているのだと思います。

近ごろ、私たちがなんとなく感じていたキッチンの窮屈さは、料理にひたすら時短や効率ばかりを求めていたせいかもしれません。道具の発する声に耳をそばだて、食材の香りや色を受け止め、料理を楽しむような、心のゆとりが足りなかったんじゃないかな。電鍋からもうもうと上がる湯気を見ていると、そういうことをふと思います。

レトロな色の電鍋は、その見かけも性能もどことなく人間的で、部屋にあるとほっとするようなたたずまい。鍋がなんでもやってくれるわけじゃないけれど、私たちの工夫でいろいろなことができるから、つい試してみたくなります。ちょっと加熱が足りない場合は水を少し足して再度スイッチオン。電鍋と仲良くなれるかどうかは、このいい加減さが許せるかどうかにかかっているのかもしれません。

◎電鍋で作る、豚ひき肉とセロリのスープ

作り方（2人分）

1 フライパンにごま油小さじ1をひき、豚ひき肉80gとしょうがの千切り20gを軽く炒める。

2 電鍋の内鍋に1の肉としょうが、セロリの茎1本の斜め薄切り、水500㎖を加え、塩小さじ⅔を入れる。電鍋の外鍋に180㎖の水を加えてふたをし、スイッチを入れる。スイッチが切れたら味をみて塩とこしょう少々でととのえる。

真ん中のうつわ

朝、スープができあがると、棚からスープ皿を選びます。選んだうつわにスープをよそってテーブルに置いて、湯気が立っているうちにパチリと写真を1枚。これが、私の朝の日課です。この写真が毎朝ずっとつながって、スープ作家としての活動を支えてくれています。

スープの盛りつけは本当に難しいです。相手は液体、思うようになりません。きれいにできた!と思っても、テーブルに運んでいる途中でスープが揺れて具が崩れてしまうこともあり、ポタージュにトッピングをのせたら、目の前でみるみる沈んでいくこともあり。うまくいっても運としか言いようがないのです。とはいえこうして10年、誰に習ったわけでもなく、成功と失敗の日々からうつわ選びや盛りつけのことを学びました。

私のスープは具だくさんなので、基本は煮物を盛りつける要領と同じです。まず、おたまで具をたっぷりすくいます。この段階ではスープをあまり入れないようにして、器の中心に高さが出るように具を盛りつけます。具が山になったら、今度はスープをすくって、具の脇から注ぐようにします。こうすると、真ん中のあたりに汁から顔を出す部分ができ、この汁には何が入っているかなということがわかるのです。具がもっと少なくてスープに浮かんでいるようなときは、汁ごとすくってよそってしまい、あとで中心になる素材を鍋から箸で拾って、うつわの手前のほうにそっと浮かべます。

これはスープに限らない盛りつけの基本だと思いますが、スープ皿やお椀を前にしたとき、食べる人の目線が落ちる、手前から中心の部分をいちばんわかりやすく、おいしそうに見せたいのです。葉物が裏になっていたら表に返し、形のしっかりした具材をその場所に置きます。料理番組を見ていると、料理家さんが盛りつけてからちょこちょことお皿を直していることがありますよね。お皿の中で、主役を見映えのいい位置に置き直しているのだと思います。

スープのタイプを感じ取ることも大事です。ポタージュなどの上品なスープはお皿に対してひかえめに、逆に豚汁など気取らない汁は、お椀いっぱいにあふれんばかりによそったほうが、おいしそうに見えます。

ところで、私がふだんの食事に使っているうつわのラインナップはすごくいびつなんです。スープ皿ばかりあって、それなのに欠けた茶碗でごはんを食べていたりして、うまく全体がコーディネートできません。そこそこ服は持っているのに組み合わせるものがない、みたいな。

ある日、撮影のときに家に来てくれたスタイリストさんに自分のうつわを見てもらいました。そうしたら「有賀さん、真ん中のうつわがないですね」と言われました。真ん中のうつわってなんですか?と聞くと、たとえば服でいえば白シャツとチノパンみたいな、すごくベーシックで何にでも合ううつわのことだそう。それで、アドバイスを受けて、言われるがまま5寸皿ぐらいの平皿と、浅鉢などを含んだお皿を何枚か買いました。

すると、なんとうつわが届いたその日から、面白いようにテーブルのセッティングができるようになりました。これまでうまく使えなかったお皿も、それらのお皿と組み合わせることでうまく回り出したのです。

スタイリストさんによると、真ん中のうつわの色味は、そのおうちのテーブルがあたたかみのある色かクールな色かによって決まるそうです。同じ白といっても、ちょっとクリーム色みたいな白とクリアな白では違いますよね。そういうことです。ベーシックなうつわを中心に、そこから色のうつわ、ガラスのうつわなどへと広げていくとよいとのことでした。勉強になりました。

月ごとにまとめたスープ写真を見返すと、春は芽吹き野菜や豆の淡いグリーン、夏は果菜のビビッドカラー、秋は根菜のあたたかい色、冬は深い緑や白などの潔い色。季節ごとにスープの色が違います。うつわ選びではこうした季節の色を殺さないように心がけています。作家もののうつわも数百円で買ったうつわもありますが、うつわそのものの素敵さよりは、スープとうつわが合っていることのほうが大事だなと感じています。

ごぼうのポタージュなど渋い色のスープを地味なうつわに盛りつけるのが私は好きです。そういうときはあえていろどりのためのハーブや野菜は入れず、黒こしょうをガリッとひいて土色のグラデーションを作ります。

◎地味な色だから美しい、ごぼうのポタージュ

作り方（2〜3人分）

1 ごぼう1本は、たわしで洗ってささがきにする。長ねぎ1/3本は薄切りにする。

2 鍋にオリーブオイル大さじ1をひき、長ねぎを炒めて透き通ってきたら、ごぼうを入れてさらに炒める。水400㎖を加えて15分ほど煮る。

3 ブレンダーをしっかりとかけてから、水を少しずつ加えて好みのとろみにする。塩小さじ1/3を加え、味をみて塩でととのえる。うつわによそい、あらびき黒こしょうをふる。

すくいちゃんの話

初めまして。私の名は「すくい」といいます。すくいちゃん、と呼んでください。宇宙人みたいな顔をしていますが、正体はレードル、日本語ではおたまと呼ばれますね。汁物をすくうときに使う、あれです。

私の持ち主の名は、有賀薫といいます。私たちキッチン道具仲間はカオルさんとか有賀さんと呼んでいます（いちばんの長老である鍋爺だけは、カオルさんが子どものころから知っているらしく、薫と呼び捨てにしています）。旦那さんと二人暮らし。息子は家を出て一人暮らししています。

カオルさんの職業は、スープ作家です。スープ作家という職業はそれほど一般的ではないはずです。私も最初に聞かされたときは、怪しい……と思いました。店にいたときの私の仲間はみんな「主婦」や「料理家」という肩書の人に引き取られていくことが多かったからです。でもまあ、毎日忙しくしているところを見ると、仕事はそこそこあるみたいです。

カオルさんはもう50歳をだいぶ過ぎていますが、スープ作家になってからはまだ数年なんだそうです。彼女がこの仕事をはじめたころ、私はまだこの家にいなかったんですね。

私が初めてカオルさんと出会ったのはキッチングッズのショップで、私と目が合った瞬間、「これこれこれ、これよ！」といきなり言われてびっくりしました。どうも、カオルさんはずっと私みたいなおたまを探していたらしいんです。

私の顔って、ほっぺたがぷっくりしていてそれがコンプレックスなんですけど、これがおたまとして使うときは、すごくいいんです。顔は横長ですが、これが注ぐときに縦長になるから汁がきれいにうつわに入るんです(えっへん)。実は私には双子の妹がいます。カオルさんが私のことをとっても気に入って、あとで妹のことも引き取ってくれました。ちなみに妹は、「よそい」という名前です。

カオルさんは、好奇心が強くてすぐに火がつくタイプ。この春、動画配信をちょっと試してみたら面白かったらしく、夜な夜なライブ配信をやっていたかと思ったら、とうとうカメラやライトや三脚まで買い込んでしまいました。熟考はしないようです。

それに、他人の言うことをあんまり聞いていなくて、勘違いや物忘れやうっかりミスが信じられないほど多いし、道具の扱いもほんと雑なんです。私もよくキッチンの床に落とされて嫌になってしまうことも多いのですが、スープを3500日以上作り続けたり、そのスープの写真をせっせとSNSに上げたりしているところを見ると、不真面目とも言い切れません。人ってわからないですよね。

今日も途中まで作っていたなすとトマトのスープを「これじゃダメだ！」と放り出して、鍋の前で考え込んでいました。そのあとも何が気に入らないのか繰り返し試作していましたが、スープって、まあおいしいかなぐらいのスープが、ちょっとした塩加減や煮え加減で、ぐっとおいしくなるんですね。何度もスープを味見してきましたから、わかります。

私は、ただのキッチン道具です。ただそこにあるだけなら、生きも死にもしません。でも、人と出会って、どんどん使われて経験を重ねることによって、命を吹き込まれます。たくさん使ってもらったほうがうれしいし、おいしい汁をすくえたらなおうれしい。おたまですから。欠点も多いカオルさんですが、スープにかける情熱だけは、おたまとして認めざるを得ません。スープ作家の家にもらわれてきたことは、自分にとっては最高の職場なんじゃないかとときどき思います。

そろそろ終わりにしますね。私のプロフィールも少しだけ。私の生みの親は、柳宗理《やなぎそうり》というデザイナーです。いちばん小さいタイプだと、小さなカップにもスープが美しく注げます。

◎なすとトマトの夏シチュー

作り方（2〜3人分）

1 なす3個はヘタを取って乱切りにする。トマト中1個はヘタを取ってざく切り。にんにく1片は皮をむいてつぶす。

2 にんにくとオリーブオイル大さじ3を鍋に入れ、弱火でゆっくり2分加熱する。香りが立ったらなすと塩小さじ½を加えて中火にし、ときどき混ぜながら身が青っぽくなるまで炒める。トマトと塩小さじ½を入れて混ぜ、トマトが煮崩れてとろりとするまで煮る。

3 水500mℓを加えて沸騰させる。合いびき肉100gをほぐしながら加え、1〜2分煮込む。味をみて塩でととのえ、火を止める。

皿洗いの憂鬱と初めての食洗機

2年前に自宅をリノベーションしたとき、条件のひとつに入れたのは、食洗機でした。片づけ嫌いな私は、食事の後片づけの気の重さにずっと悩まされていました。作って食べているときはご機嫌なのですが、ごちそうさまの途端に沈んだ気持ちに……。まさに皿洗いブルーです。こんなに片づけ嫌いなのに、結婚して25年以上、私は食洗機なしでやってきました。あまりいいイメージを持っていなかったのです。場所をとるし、そんなにきれいに洗いあがらないなどと思い込んでいました。でも、「私は食洗機なしなんてもう考えられない！」と言う友人の言葉が心に残っていて、それほどまでに言わせてしまう食洗機というものを、リノベーションを機に使ってみようと思ったのです。

「作って、食べて、片づける」を最小限の動線でやりたいという思いで作ったミングルというごはん装置。このテーブルの下に、食洗機を組み込みました。

食事が終わると、私が夫の側に食器を寄せます。すると夫は座ったまま、座席の脇にある水道で大きな汚れをさっと水で流します。その食器を、私がテーブルの下の食洗機に次々入れます。私がセットをしている間に、夫は卓上の調味料を冷蔵庫に片づけたり台を拭いたりしています。食器がすべて入ったら、洗剤を入れてふたを閉め、スタートボタンをオン！　あとは食洗機が洗って乾燥までしてくれます。たとえるなら、サッカーでのワンツーからの鮮やかなゴールという感じでしょうか。

使ってみると、それまでのイメージは吹き飛んで、昭和の主婦が初めて洗濯機を使ったときもこうだったのではないかと思うほど、感動しました。軽い食事なら鍋もボウルもまな板も入ります。私が洗うと汚れや油が落ちきれていなかったりするのに、食洗機は熱で汚れを溶かすので、油汚れはほぼパーフェクト。グラスも曇りなく仕上がって、最初のうちは汚れてもいない家の食器を食洗機に次々かけまくりました。ピカピカのグラスに感動し、使いはじめてたった1日で、私は食洗機がなければ生きていけないと人に言いふらす人間になってしまったのです。

マシンひとつで、こんなにも晴れやかに食事を終えることができるなんて。それは「困りごとを解決した」というよりは、「幸せが生み出された」という感覚でした。洗い物が軽くなったことで、食事そのものが楽しくなったからです。

たしかに、固まったこびりつきには弱いし、たまに落ちきれない汚れが残っていることもあります。でも、衛生が気になる昨今、熱湯で洗うことの安心感は大きいですし、なんといっても乾燥までやってくれて食器拭きから解放されるありがたさは想像以上。冷蔵庫や洗濯機と同じぐらい、食洗器というのはあると家事が大きく合理化されるものだと感じました。

新しい道具というのは、導入するまでの壁がとても高いものです。数万円するようなマシンであれば、なおさらです。少人数の食器ぐらいなら手洗いでもたいしたことないという見方もできます。でも家事とは、小皿1枚、コップ1個、小さなことの積み重ねです。日々洗う皿をずっと目の前に積んでいくと想像してください。私たちは生涯、どれほどの皿を洗うことになるでしょうか。毎日洗い物をしている人でも、想像がつかないのではないかと思います。

日本の場合は住宅が狭く、スペースの問題で食洗器を置けない人がいることも理解できます。ただ、食後の後片づけがめんどうだなとちょっとでも感じている人は、少し無理をしてでも導入してみる価値はあると思います。家事への新しい感覚がひらけます。

◎お皿を汚さない、きのこと鮭のホイル焼き

作り方（1人分）

1 アルミホイルを40㎝ほどの長さに切って広げ、スライスした長ねぎ5㎝分と、しめじ¼株ほどを置く。

2 生鮭の切り身1切れに塩をふって5分ほどおき、ペーパーで水分をとってから長ねぎとしめじの上に置く。日本酒大さじ1をふる。

3 アルミホイルの上下の余白を立ち上げ、鮭を包むようにして上を折り込んで閉じる。左右の端も立ち上げてからねじってとめる。これをオーブントースターに入れて15分ほど焼く。開けてみて鮭に火が通っていたらできあがり。

食べるときにしょうゆ少々をかけ、柑橘の搾り汁を適宜かける。

コーヒーと冷めたパンケーキ

毎日15時過ぎになると、コーヒー豆を挽《ひ》いて湯を沸かし、コーヒーをいれるのが日課になっています。飲むことも好きですが、コーヒーをいれる作業そのものが楽しいのです。いれるのはドリップでひとり分。棚に置いてあるガラスのキャニスターからコーヒー豆を大さじ1杯半、コーヒーミルに移してハンドルをぐるぐる回します。コーヒーをいれたときの香り以上に、コーヒー豆を挽くときの香りは癒されます。音楽をかけながらひたすら回しているうちに、パソコンに向かいっぱなしで固まった背中とごちゃごちゃになった頭がすっきりとリセットされていきます。

ミルが小さくて豆を挽くのはなかなか骨の折れる作業でもあり、電動のミルが欲しいと思うこともあるのですが、一日中ずっとひとりで作業をしているようなとき、このコーヒーミルを回す時間が頭と心を切り替える時間になっていて手放せないでいます。

やかんでお湯を沸かし、口が細いほうろうのポットに移します。コーヒーの粉にこのポットから少しずつお湯を注ぐとコーヒーの粉がお湯を抱え込んで、ふわーっとふくらんでいきます。集中して慎重に少しずつ注ぐ、これがまた楽しいのです。

さて、コーヒーに欠かせないのがお菓子。濃い甘さの、少し乾いた感じのお菓子がコーヒーには合うと思っています。いい店の焼き菓子やチョコレートがあれば申し分ないですが、コンビニで買う駄菓子でも幸せ。らくがんや乾き八つ橋みたいな和菓子もちょっと渋い選択です。どらやきとコーヒーの組み合わせはいいけれど、大福の日はコーヒーをやめて日本茶にしたくなる……このあたりはどういう塩梅なのでしょうか。

コーヒーに合うものといえば、もうひとつ。パンケーキです。といっても、私がパンケーキを自分だけのために焼くことはなく、朝食に焼いたパンケーキの食べ残しです。これをコーヒーのおやつにしようと思ってラップに包むと、午前中からなんとなくうれしい気分になります。

寒いときはあたためなおして食べることもありますが、冷めきったのも、案外悪くないのです。焼けた直後にたっぷりかけたバターとメープルシロップが、パンケーキの中にすっかり染み込んでいます。もそもそしたパンケーキをいれたての熱いコーヒーと一緒に食べるというのは、誰とも共有できないひそかな楽しみです。

こういう、ちょっと恥ずかしい食べ物が気取ったお菓子よりもおいしく感じるのは、長年使ってきた古い毛布がホテルのふわふわの羽根ぶとんよりも気持ちがよいというのと近いものがあるのでしょうか。

口の水分をパンケーキに持っていかれながら、私はおいしいものを食べることにそこまでこだわっているわけじゃないんだろうな、と考えつつコーヒーをすすります。一流のパティシエの作った焼き菓子を遠くまで買いに出かけることもなく、冷めたパンケーキで幸せになっている。それよりも手に伝わるコーヒー豆をひくごりごりとした感覚や、ちょっとした手加減でポットの口から粉の上に注がれていく湯量が変わる風景に楽しさを感じています。

ちなみにパンケーキは、尊敬している友人の料理家・樋口直哉さんのレシピで作っています。すごくおいしくできるので、そのままどうぞ。

◎冷めてもおいしいパンケーキ

作り方（作りやすい量）

1 小麦粉100g、グラニュー糖大さじ2、塩ひとつまみ、ベーキングパウダー小さじ1をボウルに入れ、泡立て器で混ぜる。卵1個と牛乳100㎖を別のボウルに入れて泡だて器で混ぜ、粉類に加えてゴムべらでよく混ぜる。

2 中火で1分ほどあたためたテフロン加工のフライパンに生地を流し入れる。2分ほどそのままの火加減で焼き、表面の泡が弾けたらひっくり返し、火を限界まで弱火にする。裏面も2分ほど焼き、つま楊枝や竹串などを側面から刺して、焼き加減をチェック。生地がついてこなければ火が通ったということ。生地がついてきたらふたをしてもう少し焼く。

おわりに

この本は、今よりもうちょっと料理がうまくなりたいと思っている人の顔を思い浮かべながら書きました。日々料理をしているのに、なかなか上達しない、そう感じている人は多いのではないでしょうか。世の中においしそうなレシピはあふれています。でも、どうすれば料理がうまくなるのか、どこをおさえたら毎日の食事作りはもっと楽にできるようになるのか。その答えは簡単には見つからないですよね。

私も同じです。10年前にスープ作りをはじめたとき、私は純粋に家族のためだけに料理をしていました。食べ手は夫と息子だけ。買い物は近所のスーパーだけ。当時していたライターの仕事が忙しくて、やっつけで作る日だって少なくなかったのです。料理は子どものころから好きで、人より少しは得意だと自覚はしていました。それでも20年以上料理をしてきて、これ以上腕は上がらないだろうなと思っていたのです。

そんな私が毎朝のスープ作りが続いたことからスープ作家などという肩書きで料理の仕事をはじめることになるなんて、人生はわかりません。料理の世界という大きな海に、オール1本の小さな舟でこぎ出したようなものです。でも、いざ舟をこいでみると、案外遠くまで来られました。

毎日スープを作ることが修業になったのでしょうか。野菜の目利きや味つけ、だしのことなどがわかってきたのでしょうか。それもあります。でもそれ以上に家族のために日々ごはん作りを続けてきたことが（たとえ手を抜いた日があったとしても）、大きな体力になっていたんだと気づきました。そのとき初めて私は、料理がうまくなったと感じられたのです。

ごはん作りは人が思うよりずっと大変な仕事です。日常の中にとりとめもなく流れていき、自分自身では成長も感じにくい。でもその中には必ず、料理を上達させる小さな気づきや工夫、楽しさや泣き笑いがあります。それらを拾うように書きました。

キッチンのことは百人百様、私の話がお役に立つかどうかはわか

りませんが、もし共感していただけることがひとつでもあったら、
台所の知恵にしてみてください。

有賀 薫

有賀 薫（ありが・かおる）

スープ作家。ライターとして文章を書く仕事を続けるかたわら、２０１１年に息子を朝起こすためにスープを作りはじめる。スープを毎朝作り続けて10年、その日数は３５００日以上に。雑誌、ネット、テレビ・ラジオなど各種媒体でレシピや暮らしの考え方を発信。『帰り遅いけどこんなスープなら作れそう』（文響社）で第５回料理レシピ本大賞入賞、『朝10分でできる スープ弁当』（マガジンハウス）で第７回料理レシピ本大賞入賞。ほかに『有賀薫の豚汁レボリューション』（家の光協会）、『スープ・レッスン』（プレジデント社）、『スープかけごはんでいいんじゃない？』（ライツ社）などがある。

装丁――藤田康平（Barber）
カバー装画――嶽まいこ
写真・本文イラスト――有賀 薫
編集担当――八木麻里（大和書房）

こうして私《わたし》は料理《りょうり》が得意《とくい》になってしまった

二〇二一年一二月一五日　第一刷発行

著者――有賀《ありが》 薫《かおる》
発行者――佐藤 靖
発行所――大和《だいわ》書房
東京都文京区関口一-三三-四
電話　〇三-三二〇三-四五一一
本文印刷――信毎書籍印刷
カバー印刷――歩プロセス
製本――小泉製本

ISBN978-4-479-78546-0

http://www.daiwashobo.co.jp